LE NOUVEAU GUIDE DU GRAPHISTE INDÉPENDANT

Le nouveau guide du graphiste indépendant
est édité par PYRAMYD NTCV
www.pyramyd-editions.com

Direction éditoriale : Céline Remechido
Suivi éditorial : Christelle Doyelle
Correction : Marine Perrier
Mise à jour de la maquette : Philippe Brulin

ISBN : 978-2-35017-332-0
Dépôt légal : 1er semestre 2015

Imprimé en France par Deux-Ponts

LE NOUVEAU GUIDE DU GRAPHISTE INDÉPENDANT

CHRISTELLE CAPO-CHICHI

PYRAMYD

INTRODUCTION

Cette nouvelle édition réactualisée du *Guide du graphiste indépendant* s'inscrit dans la lignée des éditions précédentes : vous apporter les premières connaissances indispensables à tout graphiste souhaitant créer son activité indépendante.

L'objectif est de vous aider à y voir plus clair dans les formalités que vous aurez à accomplir pour installer durablement et dans de bonnes conditions votre activité, mais aussi de vous conseiller quant aux interlocuteurs auxquels vous adresser localement. Pour cette nouvelle édition, nous avons aussi souhaité apporter ces informations aux lecteurs francophones de Belgique, de Suisse et du Luxembourg.

S'installer en tant que graphiste indépendant suppose, outre de maîtriser techniquement son métier, de faire preuve d'un véritable esprit d'entreprise : trouver des clients, savoir se vendre, fixer et défendre le coût de son travail, se forger une discipline pour travailler en autonomie, voire dans une certaine solitude, ou saisir l'opportunité d'associations ponctuelles ou durables. Rien de tout cela n'est simple.

Ces aptitudes ne sont pas innées, elles s'acquièrent sur le long terme, se peaufinent au fil de l'expérience ; ayez confiance en vous, et faites preuve de persévérance, d'organisation... et de polyvalence !

Rien de simple, disions-nous, mais rien non plus d'aussi formateur ; installer votre activité reste le meilleur moyen d'apprendre votre métier de chef d'entreprise, pour, ensuite, donner libre cours à votre créativité et à vos talents professionnels.

Bonne route à tous !

SOMMAIRE

/01

Créer de toutes pièces une activité indépendante, travailler à la création de sa propre activité, réfléchir à des choix qui vous engageront sur le long terme (mais pas forcément de façon définitive), tout en recherchant vos premiers contrats de professionnel : cela n'a rien de simple, et nécessite un investissement personnel important. Pour autant, la création d'entreprise a récemment évolué vers une simplification notable, tant du point de vue des statuts existants que des formalités à entreprendre. En faisant preuve de méthode et de rigueur, il ne vous sera pas difficile d'acquérir les principales notions dont vous aurez besoin pour diriger votre structure. Ainsi, à travers cette phase de création et d'installation de votre activité, vous vous formerez au métier de chef d'entreprise.

PREMIERS PAS DE GRAPHISTE INDÉPENDANT

LES DIFFÉRENTS STATUTS JURIDIQUES ET SOCIAUX

Les premières étapes vont consister à créer le cadre légal d'exercice de votre activité.
Celle-ci est tout d'abord déterminée par le cadre juridique que vous allez lui donner : vous pouvez créer une entreprise individuelle ou une société.
Ce premier choix déterminera ensuite votre statut social, la protection sociale dont vous bénéficierez durant votre activité.
En France, les graphistes peuvent opter pour un régime particulier de travailleur indépendant, celui d'« artiste-auteur ».
Ce régime donne accès à un statut social offrant des dispositions spécifiques favorables aux métiers pouvant y prétendre.

DEVENIR TRAVAILLEUR INDÉPENDANT

Que vous exerciez en tant qu'artiste-auteur, profession libérale classique ou autoentrepreneur, ou que vous décidiez de créer une société, la démarche et l'état d'esprit sont les mêmes : vous souhaitez travailler de façon indépendante pour votre propre compte.
Nous vous donnons ci-dessous la chronologie des différentes étapes à suivre. Gardez cependant à l'esprit que faire preuve d'autonomie ne signifie pas pour autant devoir absolument tout faire tout seul. C'est également savoir quand, où et à qui demander une précision, un éclaircissement, de l'aide. Les organismes que nous vous indiquons ont aussi pour mission de vous accompagner dans vos démarches. Considérez-les comme des relais et sources d'information une fois que vous aurez déjà étudié vous-même les différentes étapes que nous détaillons ci-dessous. Vos échanges n'en seront que plus pertinents et efficaces.

QUELLE EST VOTRE SITUATION ACTUELLE ?

Réfléchir à votre projet d'installation nécessite de faire le point sur votre situation actuelle et de savoir ce dont vous pouvez bénéficier pour préparer au mieux votre passage au statut de travailleur indépendant.
Avant toute chose, ayez conscience « qu'être son propre patron » ne signifie pas être totalement libre de faire ce que l'on veut.
Serez-vous à même de vous imposer la discipline nécessaire pour rechercher méthodiquement des clients, puis pour les relancer régulièrement jusqu'à obtenir des contrats suffisants pour assu-

rer la pérennité de votre entreprise ? Saurez-vous faire preuve de persévérance, ne pas céder au découragement ? En cas d'échec, saurez-vous aussi vous repositionner pour démarcher des clients auxquels vous n'auriez pas pensé tout d'abord ? Pourrez-vous gérer un rythme de travail où des périodes de surcharge succèdent brusquement à plusieurs semaines sans commandes (et inversement) ? Saurez-vous vous montrer réactif, vous adapter à des clients très différents ?
Ne faites pas l'impasse sur ces questionnements qui vous éviteront de prendre la décision de vous installer en indépendant pour de mauvaises raisons : un patron ou des collègues que vous ne supportez plus, des conditions de travail que vous souhaitez changer, ou tout simplement une lassitude. N'engagez pas un véritable changement de vie sur un simple ras-le-bol.
Ceci étant posé, et votre décision de vous installer à votre compte mûrement réfléchie, pensez à répertorier les dispositifs dont vous pouvez bénéficier suivant votre situation.

VOUS ÊTES SALARIÉ

Après quelques années de salariat, vous souhaitez devenir votre propre patron. L'expérience, une certaine maturité, une connaissance du marché et de l'environnement professionnel, ou encore des contacts noués avec de potentiels clients : autant d'éléments qui vous permettront de démarrer sans partir de rien. À ces acquis professionnels s'ajoutent deux dispositifs prévus par le droit du travail.

››› Le compte personnel de formation

Depuis 2015, les salariés bénéficient d'un compte personnel de formation (CPF) dès leur entrée dans la vie active et jusqu'à la retraite. Ce dispositif, qui remplace l'ancien droit individuel à la formation (DIF), permet de cumuler des heures de formation : 24 heures par an jusqu'à 120 heures, puis 12 heures par an jusqu'à 150 heures maximum (calcul au prorata pour les salariés à temps partiel). Au cours des périodes de chômage, les heures de formation restent utilisables.
Désormais, les formations recevables dans le cadre du CPF doivent déboucher sur l'obtention d'une qualification. Elles seront dûment répertoriées sur *www.moncompteformation.gouv.fr*, site consacré

à la formation continue. Concrètement, avant de vous lancer dans votre projet d'indépendance, n'hésitez pas à utiliser vos heures de CPF pour vous mettre à jour sur certaines compétences ou pour en acquérir de nouvelles. Une fois installé à votre compte, dans les premières années du moins, vous aurez moins de temps (et de financements) pour vous remettre à niveau.

››› **Le congé ou temps partiel pour création d'entreprise**

Ces deux dispositifs ont pour objectif de permettre aux salariés de bénéficier du temps nécessaire pour créer leur propre activité. Leur durée est de 12 mois, renouvelables une fois. Ils sont ouverts aux salariés possédant au moins deux ans d'ancienneté dans leur entreprise. Le contrat de travail et la rémunération sont suspendus, mais, en cas d'échec, le salarié a la possibilité de réintégrer son poste. Ils permettent également de suspendre une éventuelle clause d'exclusivité, mais vous restez tenu à une obligation de non-concurrence déloyale envers votre employeur : impossible de détourner sa clientèle ou de dénigrer ses prestations. Par ailleurs, il ne s'agit pas d'un droit absolu ; un chef d'entreprise peut tout à fait reporter ou refuser ce congé, en indiquant ses motivations, s'il estime qu'il met en danger la société. Il peut donc s'avérer difficile d'en bénéficier dans les petites structures (comme le sont de nombreuses agences).
Où se renseigner sur vos droits à la formation professionnelle et au congé pour création d'entreprise ? Le service public de l'emploi et de la formation est représenté dans chaque région par une direction régionale des entreprises, de la concurrence, de la consommation, du travail et de l'emploi (Direccte) : *www.direccte.gouv.fr*.
Si vous ne souhaitez pas solliciter de temps partiel pour création d'entreprise parce que vous pensez que votre employeur ne le permettra pas et/ou que vous ne souhaitez pas être considéré « sur le départ », vous pouvez aussi rechercher des commandes à effectuer en indépendant, en prenant sur votre temps personnel. Sous quel statut, puisque vous n'êtes pas encore à votre compte ? En tant qu'artiste-auteur simplement assujetti (voir p. 19) pour des travaux de création, voire en tant qu'autoentrepreneur (voir p. 36), si vous effectuez des travaux dont la part de création n'est pas l'essentiel. De cette façon, vous pourrez tester votre aptitude à rechercher des clients, à leur répondre, à vous organiser en tant « qu'apprenti chef d'entreprise ».

VOUS ÊTES ÉTUDIANT

Vous avez décidé de franchir le cap de l'indépendance dès votre sortie de l'école. Si votre formation vous a fourni des bases solides concernant votre métier, ne négligez pas pour autant le fait que passer par une expérience de salarié vous apportera tout ce que l'école (et ce, même si vous avez déjà effectué des stages) ne peut pas réellement vous apprendre.
En tant que jeune créateur d'entreprise, vous pouvez accéder aux accompagnements proposés aux demandeurs d'emploi, accompagnements que nous détaillons ci-dessous.

VOUS ÊTES DEMANDEUR D'EMPLOI

Cas très fréquent, un licenciement peut être déclencheur d'un passage à la création d'entreprise, et ce, pour de multiples raisons : parce que vous y pensiez depuis longtemps et que vous avez soudain le temps et la disponibilité pour concrétiser votre projet ; parce que vous pouvez bénéficier d'un accompagnement spécifique ; parce que vous savez que le contexte ne vous permettra pas de retrouver un emploi salarié. Assurez-vous, comme nous l'indiquions plus haut, que vos motivations sont profondes, solides, et que vous ne faites pas que réagir à un contexte défavorable. Ce projet de création doit être réellement pensé et voulu pour déboucher sur une situation vous offrant de vraies perspectives d'évoluer positivement sur le plan professionnel.
Ceci étant dit, voici les deux principaux dispositifs destinés aux demandeurs d'emploi, indemnisés ou non, ainsi qu'aux jeunes de 18 à 25 ans révolus et aux personnes de moins de 30 ans non indemnisées.
→ Accre (Aide aux demandeurs d'emploi créant ou reprenant une entreprise) : ce dispositif consiste en une exonération de charges sociales (dans la limite de 120 % du Smic) pendant un ou trois ans selon les cas. Renseignements auprès des services de l'Urssaf : *www.urssaf.fr*.
→ Nacre (Nouvel accompagnement pour la création et la reprise d'entreprise) : ce parcours d'accompagnement comprend une aide au montage du projet de création d'entreprise et à son développe-

01
www.urssaf.fr

02
www.cci.fr

03
www.artisanat.fr

ment (conseil et accompagnement) ainsi qu'une aide financière (prêt à taux zéro et sans garantie) devant être couplée à un prêt bancaire. Montant de l'aide : 1 000 à 10 000 €. Durée : 1 à 5 ans.
Renseignements auprès des opérateurs d'accompagnement Nacre, répertoriés sur *www.emploi.gouv.fr/nacre*.

LES PREMIÈRES DÉMARCHES À EFFECTUER

Que vous choisissiez d'exercer en tant qu'artiste-auteur inscrit à la Maison des artistes ou à l'Agessa, en tant que profession libérale ou en tant que société, créer sa propre activité commence par un certain nombre de formalités administratives à accomplir. Mais ces formalités ont été récemment simplifiées.
Armez-vous d'un minimum de patience, faites preuve de rigueur et suivez le parcours !

››› À qui s'adresser ?

Depuis 2010, un guichet unique permettant aux créateurs d'entreprises d'effectuer leurs démarches de création a été mis en ligne par les pouvoirs publics : *www.guichet-entreprises.fr*.
Ce guichet vous guide dans les différentes étapes de la création de votre activité, centralise les diverses pièces nécessaires à la constitution de votre dossier et les transmet au centre de formalités des entreprises (CFE) dont vous dépendez.
Le CFE est l'organisme chargé des formalités de création d'entreprise. Par la suite, il reste votre interlocuteur administratif pour ce qui concerne les modifications de votre structure.
Votre CFE dépend de l'activité que vous exercez et de votre statut juridique.

Artiste-auteur (voir p. 15)	Urssaf 01
Profession libérale (voir p. 33)	Urssaf
Autoentrepreneur (voir p. 36)	Urssaf
Société (voir p. 39)	Chambre de commerce et d'industrie 02
Artisan (voir p. 42)	Chambre des métiers 03

Bien entendu, il est tout à fait possible de choisir de créer votre entreprise en vous adressant directement à l'un de ces quatre organismes.

À retenir

www.guichet-entreprises.fr : le site « guichet unique » pour créer son entreprise.
www.insee.fr/fr/bases-de-donnees, répertoire Sirene : pour connaître le CFE dont vous dépendez.

››› Des formalités, oui, mais lesquelles ?

En vous connectant sur le site *www.guichet-entreprises.fr* ou en contactant votre CFE, vous devrez remplir un document de déclaration de début d'activité et obtenir ainsi votre immatriculation.

- → En statut artiste-auteur : vous remplirez une liasse P0 i.
- → En statut profession libérale : vous remplirez une liasse P0 PL.
- → En statut autoentrepreneur : vous remplirez une liasse P0 AE.

Ces trois documents sont sensiblement les mêmes. Nous reproduisons la liasse P0 i en annexe, avec la notice explicative (voir annexe n° 1).
Ce document sert tout simplement à renseigner votre identité, la description de votre activité, le lieu d'exercice, votre statut social, etc.
La création d'une société (SARL ou EURL) implique une démarche plus formalisée, que nous détaillerons en abordant ce statut (p. 39).

L'immatriculation de votre entreprise est effectuée par l'Insee (Institut national de la statistique et des études économiques). Votre immatriculation comprend les éléments suivants.

- → Un numéro Siren : composé de neuf chiffres, il identifie votre entreprise et vous sera demandé par les organismes publics et les administrations.
- → Un numéro Siret : composé de 14 chiffres, il identifie les établissements de l'entreprise. Il comprend le numéro Siren + un code NIC (numéro interne de classement) de cinq chiffres. Il doit figurer sur vos documents officiels : factures, notes d'honoraires, papeterie officielle, bulletins de salaire si vous embauchez, etc.
- → Votre code NAF (nomenclature des activités françaises). Il s'applique à l'activité que vous exercez. Ce code peut être le 90.03A (création artistique relevant des arts plastiques), le 90.03B (autre

création artistique), ou encore le 74.10Z (activités spécialisées de design / conception graphique).

01
MAISON DES ARTISTES
Services administratifs
60, rue du Faubourg-Poissonnière
75484 Paris Cedex 10
Tél. : 01 53 35 83 63
www.mda-securitesociale.org
Accueil téléphonique et ouverture au public : du lundi au vendredi de 9 h à 12 h.

02
AGESSA
21 bis, rue de Bruxelles
75009 Paris
Tél. : 01 48 78 25 00
www.agessa.org
Accueil téléphonique et ouverture au public : du lundi au vendredi de 9 h 30 à 12 h 30 et de 14 h 30 à 16 h 30.
Ces deux organismes sont appelés à fusionner prochainement (date non encore annoncée à ce jour !).

DEVENIR ARTISTE-AUTEUR

En France, les travailleurs indépendants exerçant une activité de création artistique disposent d'un régime spécifique très avantageux, celui d'artiste-auteur. L'intérêt de ce régime social est de rapprocher les artistes-auteurs de celui des salariés. Les formalités sont réduites et les cotisations sociales bien moindres que pour les autres statuts de travailleur indépendant, tandis que la protection sociale est quasiment aussi étendue que celle des salariés. Dès lors que vous exercez une activité dans laquelle la part de création est prépondérante, il devient intéressant d'en bénéficier.
Devenir artiste-auteur répond à des conditions d'affiliation spécifiques. Deux organismes sont chargés de vérifier que vous remplissez ces conditions : la Maison des artistes (MdA) 01 et l'Association pour la gestion de la sécurité sociale des auteurs (Agessa) 02.

MISSION DE LA MAISON DES ARTISTES ET DE L'AGESSA

Voyons d'abord quel rôle remplissent la MdA et l'Agessa. Ces deux organismes sont agréés par l'État et chargés d'une mission de gestion pour le compte de la Sécurité sociale. Ils centralisent vos démarches en matière de cotisations sociales, déterminent, vérifient et appliquent les conditions d'affiliation au régime spécifique des artistes-auteurs.
La MdA et l'Agessa sont un intermédiaire entre la Sécurité sociale et vous, mais elles ne la remplacent pas. Elles se chargent de collecter vos cotisations et de vérifier que vous remplissez bien les conditions d'affiliation. Une fois votre dossier validé, votre caisse

primaire d'assurance maladie joue son rôle habituel ; c'est elle qui vous avisera de votre affiliation ou non au régime des artistes-auteurs, vous versera vos prestations sociales (remboursements de soins, indemnités journalières…) et vous délivrera votre carte Vitale. C'est aussi à votre caisse primaire d'assurance maladie que vous adresserez vos feuilles de soins (ou qu'elles seront télétransmises) pour vos remboursements.

À noter : à côté de sa mission administrative, la Maison des artistes a également créé une association 01. Cette association porte une mission d'intérêt général pour les artistes qui souhaitent y adhérer : carte d'accès gratuit aux musées nationaux, service de consultation juridique spécialisée. Chaque année, 1 000 artistes y adhèrent.

QUELLES SONT LES ACTIVITÉS CONCERNÉES ? RELEVEZ-VOUS DE LA MDA OU DE L'AGESSA ?

Avant toute chose, que vous releviez de la MdA ou de l'Agessa, sachez que seules vos activités de création vous permettent d'être affilié en tant qu'artiste-auteur. Vos travaux d'exécution uniquement techniques (mise en pages d'un livre, d'un magazine ou développement de pages d'un site suivant une charte graphique dont vous n'êtes pas l'auteur, prises de vue d'après un cahier des charges précis par exemple) ne peuvent pas entrer en ligne de compte, de même que les cours que vous pourriez dispenser (pour les cours, voir cependant les aménagements prévus dans le paragraphe intitulé « Les recettes », p. 100).

Ceci étant posé, vos activités font-elles de vous un artiste-auteur relevant de la Maison des artistes ou de l'Agessa ?

››› Activités prises en compte par la MdA

Elle regroupe les auteurs des œuvres suivantes, telles que définies sur son site :

→ peintures, dessins ;
→ illustrations, à l'exception des illustrations diffusées par voie d'édition, qui relèvent alors de l'Agessa ;
→ maquettes de dessins originaux pour le textile, le papier, les arts de la table ;

01
MAISON DES ARTISTES
Services associatifs
11, rue Berryer
75008 Paris
Tél. : 01 42 25 06 53
www.lamaisondes artistes.fr
Accueil téléphonique et ouverture au public : tous les jours (sauf mercredi) de 9 h 45 à 12 h 45 et de 14 h 00 à 17 h 30.

02
Source : Agessa, « Les activités concernées ».

- gravures, estampes, lithographies ;
- sculptures ;
- réalisations de plasticiens ;
- tapisseries et textiles muraux ;
- maquettes de fresques, trompe-l'œil, décorations murales, mosaïques, vitraux ;
- créations graphiques ;
- créations uniques de céramiques, émaux sur cuivre.

Pour les créations graphiques, la Maison des artistes indique :

« Les graphistes relèvent de la compétence de la MdA pour toutes les créations destinées à transmettre un message visuel dans les domaines de la vie économique, sociale et culturelle et pour tous modes de diffusion (presse, édition, publicité, audiovisuel, multimédia...), quels que soient les outils ou technologies mis en œuvre : utilisation ou non de l'informatique (palette graphique, logiciel d'animation...).
Il peut s'agir par exemple de dessins à caractère typographique, de conceptions ou compositions originales de mise en pages, d'éléments d'identification d'une entreprise et de ses déclinaisons sur tous supports (image de marque, logotypes, emblèmes, dessins symbolisant une activité, un service, un personnage), de créations signalétiques.
L'ensemble des opérations de conception et de réalisation techniques (participation aux prises de vue nécessaires à la réalisation de l'œuvre, fourniture d'illustrations ou de documents d'archives, contrôle de la réalisation technique de la création, fourniture de films, fourniture de fichiers numériques, disquettes, cartouches magnétiques ou optiques, CD-ROM...) désignées ensemble comme participant à la mise en œuvre de la réalisation artistique est pris en compte par la MdA. »

›››**Activités prises en compte par l'Agessa**

Elle prend en charge :
- les photographes ;
- les illustrateurs d'écrits littéraires ou scientifiques (cf. ci-après) ;

« Les illustrateurs dont les travaux sont à base de dessin et mettent en évidence, au-delà d'une simple mise en œuvre de techniques, une prédominance de la création, relèvent de l'Agessa lorsque leurs œuvres sont diffusées par la voie de l'édition (édition de librairie, édition "multimédia" et édition de presse) » 02.

↘ les auteurs de logiciels ;
↘ les auteurs d'œuvres audiovisuelles ;
↘ les auteurs d'une œuvre multimédia (cf. ci-après).

« Les jeux vidéo en ligne, les pages de présentation et d'accueil de sites Internet, les CD-ROM (ludo-éducatifs, jeux vidéo), les blogs (journal ou bloc-notes personnel communiqué au public par le biais d'Internet) réalisés dans le cadre d'un contrat d'édition. »

Relèvent aussi de l'Agessa :
↘ les écrivains ;
↘ les traducteurs ;
↘ les auteurs et compositeurs de musique ;
↘ les métiers du cinéma et de la télévision.

Si vous avez des doutes sur l'organisme dont vous relevez, consultez directement l'Agessa ou la Mda : elles vous orienteront.
Si vous exercez plusieurs activités réparties sur les deux organismes, la commission professionnelle vous affiliera auprès de l'un ou l'autre, en fonction de votre activité principale, c'est-à-dire celle qui vous procure le plus de revenus. Cette affiliation initiale reste la même pendant trois ans. La quatrième année, si votre activité principale a changé, vous rejoignez l'autre organisme. Ce changement n'en entraîne pas au niveau de l'assiette et du taux de cotisation. Pour autant, soyez vigilant concernant la régularisation des cotisations que vous auriez déjà acquittées si vous étiez resté en système de précompte ; vous aurez peut-être à produire vos factures pour prouver que vous êtes en règle de ce côté-là.
Toutefois, depuis plusieurs années, les pouvoirs publics projettent la fusion MdA-Agessa pour rassembler toutes les activités d'artistes-auteurs au sein d'un même organisme en charge de la gestion de leur sécurité sociale. Il est donc possible que, prochainement, la distinction entre les deux structures n'ait plus cours.

01
PRÉCOMPTE
Le précompte est une retenue des cotisations sociales effectuée à la source lors de la première année d'activité pour permettre au diffuseur d'utiliser les services d'une personne non encore affiliée.

COMMENT S'INSCRIRE ?

L'obtention du statut social d'artiste-auteur s'effectue en deux temps : l'assujettissement, puis l'affiliation.

››› Assujetti ? Affilié ? Qu'est-ce que cela signifie ?

Dès lors que vous concevez et réalisez une œuvre, puis que vous en retirez un revenu (vente et/ou droits d'auteur), vous devez vous acquitter de cotisations sociales sur ce revenu. Il ne s'agit pas seulement des œuvres de création ; tout revenu est soumis à cotisations sociales, quel que soit le statut juridique de celui ou celle qui le perçoit. Un étudiant en graphisme qui réalise une affiche pour un festival, un photographe amateur qui vend une image à l'occasion d'une exposition, un auteur qui publie un roman alors qu'il ne s'agit pas de son métier habituel, tous doivent verser des cotisations sur le revenu qu'ils retirent de cette vente, même ponctuelle et exceptionnelle. C'est ce que l'on appelle l'assujettissement.
Par la suite, si vous retirez un revenu suffisant de cette activité artistique et qu'elle peut être considérée comme sérieuse, régulière et exercée à titre professionnel, vous pouvez bénéficier du régime social (de la protection sociale) spécifique et adapté aux artistes-auteurs. C'est l'affiliation.

››› Qu'est-ce que l'assujettissement ?

L'assujettissement se traduit en pratique par le paiement de cotisations sociales sur les revenus que vous percevez de vos activités. Ce paiement est obligatoire et automatique ; tant que vos revenus de l'année ne sont pas connus, ces cotisations sont prélevées « à la source » (comme si vous étiez salarié). Les sommes prélevées constituent une avance sur le calcul final de vos cotisations.
Il s'agit du système du précompte 01, obligatoire lors de votre première année d'activité.
C'est votre client (le terme juridique est « diffuseur ») qui effectue le prélèvement à la source. Il retient sur votre rémunération les cotisations d'assurance maladie, vieillesse déplafonnée, CSG, CRDS et CFPC, et les verse pour votre compte auprès de la MdA ou de l'Agessa. Chaque trimestre, il doit vous fournir un certificat de précompte indiquant qu'il a bien acquitté les cotisations vous concernant. C'est l'un des points sur lesquels vous devez vous mon-

trer vigilant lors de cette première année : assurez-vous que chaque diffuseur vous remet bien un certificat de précompte pour chaque rémunération versée. Sinon, pensez à le lui réclamer. Vous pouvez aussi, pour parer à tout oubli de sa part ou tout simplement s'il s'agit d'un client « débutant », peu habitué au système MdA/Agessa, lui adresser, avec votre facture, une « certification établie par le diffuseur et concernant les cotisations maladie vieillesse déplafonnées, CSG, CRDS et CFPC précomptées », que vous trouverez sur le site administratif de la Maison des artistes 01. Il devra la remplir et vous en adresser un exemplaire original. Conservez soigneusement ce document. Vous devrez le transmettre à la MdA ou à l'Agessa au moment de votre déclaration annuelle de revenus.

À la fin de votre première année d'activité, vous effectuez votre déclaration de « bénéfice non commercial » (voir p. 97). La MdA ou l'Agessa calcule alors le montant exact de vos charges annuelles, déduction faite du précompte. Elle vous adresse ensuite l'attestation n° S2062, qui met alors fin au prélèvement à la source. Cette attestation vous sera fournie chaque année si vous continuez de satisfaire aux conditions.

Suivant votre situation et votre organisation personnelle, à vous de choisir ensuite de conserver ou non le précompte.

Ainsi, vous pouvez faire le choix d'en être dispensé et d'acquitter vous-même toutes vos cotisations.

Vous facilitez ainsi les démarches à vos clients, puisque vous vous chargez de tout. À la fin de l'année, vous déclarez vos revenus, et la MdA ou l'Agessa vous envoie un appel de cotisations à régler chaque trimestre de l'année suivante. Chaque année vous demandez une attestation de dispense de précompte à votre organisme agréé. Lorsque vous facturez vos clients, vous leur fournissez un double de cette dispense qui leur indique qu'ils n'ont pas à effectuer de prélèvement à la source sur votre rémunération.

Cependant, dans les premières années d'activité, si vous souhaitez pallier d'éventuels oublis ou erreurs de calcul de votre part, vous pouvez faire le choix de conserver le système du précompte, surtout si vos clients sont habitués à le pratiquer et vous envoient régulièrement vos certificats de précompte dûment remplis.

01
Certification à télécharger dans les formulaires du site www.mda-securitesociale.org.

Quel que soit leur statut, tous les diffuseurs professionnels doivent effectuer le précompte tant que vous n'êtes pas affilié.
Seuls en sont dispensés :
- les diffuseurs dont le siège social est situé à l'étranger ;
- les particuliers ;
- les galeristes acquittant la contribution sur les commissions annuelles ou le chiffre d'affaires annuel TTC ;
- vos confrères artistes-auteurs (voir en particulier p. 175, « Travailler en collaboration »).

QU'EST-CE QUE LE « 1,10 % DIFFUSEUR » ?

Toute personne physique ou morale (une société) qui procède à l'exploitation commerciale ou à la diffusion d'œuvres d'un artiste-auteur est dite « diffuseur » de cette œuvre.
Parmi ses obligations, le diffuseur doit acquitter, en plus de la rémunération versée à l'artiste, deux cotisations calculées sur la base de la rémunération brute HT :
- une contribution à la sécurité sociale d'un montant de 1 % ;
- une contribution à la formation professionnelle continue d'un montant de 0,10 %.

Soit une cotisation totale de 1,10 %.
Ces cotisations n'ont pas à apparaître sur vos factures ou notes d'honoraires, car il revient au diffuseur de s'en acquitter directement auprès de votre organisme agréé. Et, surtout, ce 1,10 % ne fait pas du tout partie du précompte que votre diffuseur doit vous appliquer au début de votre activité.
Par ailleurs, les diffuseurs exemptés de précompte le sont aussi du 1,10 %.

PASSER EN AFFILIATION

Pour demander votre affiliation, vous devez répondre à deux conditions principales :
- être fiscalement domicilié en France métropolitaine, en Guadeloupe, en Martinique, en Guyane, ou à la Réunion ;
- retirer un revenu artistique de la diffusion, de la commercialisation ou de la vente de l'œuvre dont vous êtes l'auteur, égal ou supérieur au seuil d'affiliation (voir p. 23).

Une fois ces conditions réunies, et après vous être inscrit en tant que travailleur indépendant, vous déposez un dossier de demande d'affiliation auprès de la MdA ou de l'Agessa.
Sachez que l'affiliation est obligatoire dès que vous dépassez le seuil d'affiliation, et ce, même si vous exercez par ailleurs une autre activité (ou si vous êtes retraité), salariée ou indépendante, et que

celle-ci vous procure un revenu plus important que vos activités d'artiste-auteur. Dans ce cas, si vous bénéficiez déjà d'une autre couverture sociale, votre affiliation à la sécurité sociale des artistes-auteurs sera uniquement déclarée « pour ordre ». Mais, quoi qu'il en soit, les cotisations sociales restent dues.

››› Maison des artistes

Vous devez vous faire connaître de la MdA dès la première commande à laquelle vous répondez, la première vente ou cession de droits que vous réalisez, et ce, même si vous êtes encore étudiant.
Pour cela, téléchargez le formulaire « Déclaration de début d'exercice » sur le site *www.mda-securitesociale.org* 01. Vous devez simplement renseigner votre identité, votre lieu de résidence, votre activité et la date à laquelle vous réalisez cette première commande. Retournez cette déclaration à la MdA.
Joignez-y le document justifiant du démarrage de votre activité : votre premier bon de commande ou contrat, votre première note de droits d'auteur ou facture. Si vous avez déjà reçu votre numéro Siret de la part de l'Urssaf, indiquez-le sur ce document. Si vous ne l'avez pas encore reçu, mentionnez « numéro Siret en cours d'attribution ».
Ne négligez pas cette démarche de démarrage d'activité. Dès que la MdA reçoit votre déclaration, elle vous attribue un numéro d'ordre et vous êtes ainsi identifié auprès de ses services. Même si ce numéro n'a pas de valeur juridique et ne vous ouvre aucun droit à la sécurité sociale des auteurs (vous n'êtes pas encore assujetti, seulement affilié), il indique à vos clients que vos démarches d'inscription sont en cours. En outre, il facilite l'identification du précompte des charges sociales. Aussi, indiquez-le sur vos premières factures et notes d'honoraires.

L'année suivante, en avril ou en mai, la MdA vous envoie un dossier de déclaration de revenus et d'activité que vous lui retournez avec votre déclaration fiscale.
L'examen du montant de vos revenus permet alors à la MdA de prononcer ou non votre affiliation.

››› Agessa

Après au moins une année d'activité (année N) en tant qu'auteur, vous adressez un dossier de demande d'affiliation à l'Agessa. Ce dossier (téléchargeable sur *www.agessa.org*) comprend :

01
Voir annexe n° 1.

02
BÉNÉFICE NET
Votre bénéfice net correspond au calcul suivant :
votre chiffre d'affaires – vos charges de fonctionnement.

- une déclaration en vue de l'immatriculation des artistes-auteurs ;
- une déclaration de revenus d'activités des artistes-auteurs (en y joignant vos déclarations fiscales et avis d'imposition des deux dernières années, ou celles de vos parents si vous leur étiez rattaché) ;
- un formulaire de « détail des droits d'auteur », en y indiquant le détail des droits d'auteurs perçus.

Une fois votre première déclaration de revenus reçue, la MdA ou l'Agessa se prononce sur votre affiliation.
Pour devenir affilié et bénéficier ainsi de la sécurité sociale des artistes-auteurs et, par la suite, conserver ce statut, vous devez justifier d'un montant de revenu.
On appelle « assiette de cotisation » le revenu pris en compte. Il correspond à votre bénéfice net 02 majoré de 15 %.
Les artistes-auteurs relevant de l'Agessa ont la possibilité de déclarer leurs revenus en traitements et salaires ; dans ce cas, l'assiette de cotisation est égale au revenu brut hors TVA.
Le seuil d'affiliation est égal à 900 fois la valeur horaire moyenne du Smic de l'année de référence. Ce seuil varie chaque année au 1er janvier. En 2015, il est de 8 577 € annuels.
Pour demander votre affiliation en 2014, vous devez donc prouver que votre bénéfice net 2013 + 15 % a atteint ce montant.

EN ATTENDANT LA RÉPONSE DE LA MDA OU DE L'AGESSA, QU'EN EST-IL DE MA SÉCURITÉ SOCIALE ?

Entre le moment où vous effectuez vos premières démarches et votre affiliation vous permettant de bénéficier de la sécurité sociale des artistes-auteurs, différents cas de figure sont possibles. Vous pouvez être assuré social en tant que :
- demandeur d'emploi (indemnisé ou non) ;
- étudiant ou jeune diplômé (du 1er octobre de l'année de fin d'études jusqu'au 30 septembre de l'année suivante, vos droits à la sécurité sociale des étudiants sont maintenus) ;
- ayant droit de votre conjoint(e), pacsé(e), concubin(e).

Si aucune de ces situations ne vous correspond, vous serez affilié à la couverture maladie universelle (CMU).
Renseignements sur *www.ameli.fr*.

››› Deux cas de figure sont alors possibles

Vous répondez aux conditions d'affiliation : votre dossier est transmis à votre caisse primaire d'assurance maladie, qui vous signifie alors votre affiliation. Celle-ci prend effet au 1er janvier de l'année en cours et s'étend jusqu'au 30 juin de l'année suivante, soit 18 mois.

Si vous ne répondez pas aux conditions d'affiliation, vous pouvez néanmoins demander à être affilié, en particulier si vous pouvez établir que vos revenus sont réguliers et amenés à augmenter.
Dans ce cas, vous cotiserez sur une base (vos BNC + 15 %) supérieure à vos revenus réels. Pourquoi faire le choix de cotiser plus que vous ne devriez ? Dans l'immédiat, pour bénéficier de la couverture sociale des artistes-auteurs. À plus long terme, pour valider quatre trimestres annuels qui compteront pour votre retraite.
Il est donc très intéressant de demander votre affiliation, et ce, même si vous n'atteignez pas encore le seuil.
Votre dossier sera alors présenté à une commission professionnelle. Cette dernière regroupe des représentants des organisations professionnelles et syndicales des artistes et des diffuseurs, nommés par le ministère de la Culture et le ministère des Affaires sociales. Pour faire valoir vos arguments auprès de cette commission, outre les documents demandés dans le dossier d'affiliation, vous pouvez rédiger un courrier expliquant par exemple que vous êtes en phase d'installation de votre activité et que celle-ci va se développer. Pour cela, vous pouvez joindre des bons de commande de l'année en cours indiquant que lors de votre prochaine déclaration de revenus, ceux-ci seront plus élevés que l'année précédente. Attention, la commission professionnelle ne prend en compte que les travaux de création, et non ceux de simple exécution.

››› Et ensuite, une fois affilié ?

Chaque année, vous recevrez en avril ou mai une déclaration à remplir pour justifier de vos revenus de l'année antérieure, dite « année de référence ».
Vous serez maintenu dans vos droits au statut d'artiste-auteur tant que vos revenus seront égaux ou supérieurs au seuil d'affiliation, tel que revu chaque année.
La période de couverture court du 1er juillet de l'année en cours au 30 juin de l'année suivante.
La commission professionnelle peut aussi être amenée à intervenir par la suite, si, au cours de votre activité, votre revenu descend en deçà du seuil d'affiliation.

01
Une réforme (controversée !) du RAAP aura lieu en 2016.

Dans ce cas, vous aurez de la même façon à expliquer cette baisse de revenus ; il peut s'agir d'une année où vous avez bénéficié d'un congé maternité, subi une maladie, déménagé, ou encore d'une année où vous avez perdu l'un de vos principaux clients. Tout élément qui permet à la commission d'apprécier en quoi vous rencontrez des difficultés passagères plaidera en votre faveur.

PEUT-ON PERDRE SON STATUT D'ARTISTE ?

Vous perdez votre statut d'artiste-auteur si vous cessez votre activité ou si vos revenus sont trop faibles. Mais, alors que le seuil d'affiliation est de 900 fois la valeur horaire du Smic, la radiation n'est prononcée que si votre revenu est, durant cinq années consécutives, inférieur à 450 fois la valeur horaire du Smic. Gardez cependant à l'esprit le fait que la commission professionnelle permet une étude des circonstances particulières de votre situation.

››› Retraite et retraite complémentaire

Une fois votre affiliation prononcée, il vous reste une dernière formalité obligatoire à accomplir : votre inscription à la caisse de retraite complémentaire des artistes-auteurs. Les cotisations que vous acquittez auprès de la MdA ou de l'Agessa vous ouvrent droit à la retraite de base de la Sécurité sociale, calculée en nombre de points annuels (et non plus en trimestres travaillés). La souscription à un régime complémentaire vous permet de capitaliser des points supplémentaires. C'est une démarche obligatoire.

Votre organisme complémentaire est l'Ircec (Institut de retraite complémentaire de l'enseignement et de la création), qui gère le RAAP (Régime de retraite complémentaire des artistes et auteurs professionnels) 01 :

9, rue de Vienne, 75403 Paris Cedex 08 / *www.ircec.fr* / 01 44 95 68 30 (accueil téléphonique tous les jours de 14 h à 16 h 30).

Vous devez vous faire connaître de l'Ircec au moment de votre inscription à la MdA ou à l'Agessa. Votre affiliation prendra effet le 1er janvier suivant. Vous recevrez deux appels à cotisation dans l'année, à la mi-avril et vers le 15 septembre.

Sachez que l'intégralité des cotisations réglées à l'Ircec est déductible des impôts.

COMBIEN ALLEZ-VOUS COTISER ?

Une fois votre affiliation prononcée, voici le détail du calcul de vos cotisations sociales. Deux notions sont à connaître : l'assiette (la base de calcul) et le taux de cotisation (le pourcentage prélevé sur votre chiffre d'affaires).
Vous devez donc acquitter ces cotisations auprès de la MdA ou de l'Agessa, soit directement, soit à travers le précompte.

Si vous rencontrez des difficultés pour acquitter vos cotisations (même affilié, vous réalisez un revenu inférieur au seuil d'affiliation), contactez la commission d'action sociale de la Maison des artistes ou de l'Agessa.
Sous certaines conditions, cette commission peut prendre en charge vos cotisations maladie et vieillesse. En revanche, vous resterez redevable de la CSG, de la CRDS et de la CFP.

››› **Taux de cotisation Maison des artistes**

COTISATION	ASSIETTE POUR LES REVENUS DÉCLARÉS EN...		TAUX	DÉDUCTIBILITÉ FISCALE
	BNC	TRAITEMENTS ET SALAIRES		
Assurances sociales (maladie, vieillesse déplafonnée)	BNC + 15 %	100 % des revenus	1,05 %	oui
Assurance vieillesse plafonnée	BNC + 15 % [01]	100 % des revenus [01]	6,85 %	oui
Contribution sociale généralisée (CSG)	BNC + 15 %	98,25 % des revenus	7,50 %	5,10 % déductibles
Contribution au remboursement de la dette sociale (CRDS)	BNC + 15 %	98,25 % des revenus	0,50 %	non
Contribution à la formation professionnelle (CFP)	BNC + 15 %	100 % des revenus	0,35 %	oui

01
Dans la limite du plafond annuel de cotisation de la Sécurité sociale, revalorisé chaque année. En 2015, ce plafond est égal à 38 040 €.

02
Ce taux passera à 6,90 % au 1er janvier 2016.

03
Pour connaître les coordonnées de votre CPAM, consultez le site www.ameli.fr ou appelez le 36 46. Pour suivre vos remboursements, effectuer vos démarches, déclarations, etc., pensez à créer votre compte sur www.ameli.fr.

De son côté, votre diffuseur doit effectuer un versement de 1,10 % du montant HT de l'œuvre. Cette cotisation ne doit pas apparaître sur vos factures, mais vous pouvez en informer votre diffuseur, surtout s'il n'a pas l'habitude de travailler avec des artistes.

››› **Taux de cotisation Agessa**

COTISATION	ASSIETTE POUR LES REVENUS DÉCLARÉS EN...		TAUX	DÉDUCTIBILITÉ FISCALE
	BNC	TRAITEMENTS ET SALAIRES		
Assurances sociales (maladie, vieillesse déplafonnée)	BNC + 15 %	100 % des revenus	1,05 %	oui
Contribution sociale généralisée (CSG)	BNC + 15 %	98,25 % des revenus	7,50 %	5,10 % déductibles
Contribution au remboursement de la dette sociale (CRDS)	BNC + 15 %	98,25 % des revenus	0,50 %	non
Contribution à la formation professionnelle (CFP)	BNC + 15 %	100 % des revenus	0,35 %	oui
Assurance vieillesse plafonnée	Revenus d'auteur de l'année précédente		6,85 % 01, 02	oui

À l'Agessa, seuls les auteurs affiliés sont redevables de la cotisation d'assurance vieillesse, car elle leur ouvre des droits à la retraite. Cette cotisation n'est pas perçue sur les revenus des auteurs simplement assujettis.

LES PRESTATIONS AUXQUELLES CETTE AFFILIATION VOUS DONNE DROIT

Dès lors que vous êtes affilié, vous bénéficiez de la couverture sociale des artistes-auteurs. Pour tout ce qui concerne votre protection sociale, votre interlocuteur est votre caisse primaire d'assurance maladie (CPAM) 03. À quelques exceptions près, votre protection sera la même que celle des salariés. Elle se compose de prestations en nature ou en espèces.

Prestations dites « en nature » :

- les frais de médecine générale ou spécialisée ;
- les actes chirurgicaux ;
- les soins et prothèses dentaires ;
- les frais d'hospitalisation ;
- les appareils ;
- les frais de réadaptation ou de rééducation professionnelle ;
- la pharmacie ;
- les soins contraceptifs.

Prestations en espèces :

- les indemnités journalières maladie (versées à l'assuré à partir du quatrième jour d'arrêt de travail) ;
- les indemnités journalières maternité ou paternité ;
- les indemnités journalières d'adoption (elles sont versées au père ou à la mère).

Contrairement au régime des salariés, les maladies professionnelles et l'accident de travail ne sont pas couverts en tant que tels par les assurances sociales. Cependant, vous pouvez souscrire volontairement une assurance pour ces deux risques auprès de votre caisse primaire d'assurance maladie. Cette assurance prendrait en charge, par exemple, un éventuel accident du travail sur votre trajet. Autre différence importante par rapport aux salariés : vous ne bénéficiez pas non plus de l'assurance chômage.

ET SI JE TOMBE MALADE ?

En cas de maladie, vous avez la possibilité de bénéficier d'indemnités journalières, à condition de produire un arrêt maladie établi par votre médecin et après un délai de carence de trois jours. Votre CPAM calculera de la façon suivante vos indemnités journalières : (revenus de l'année de référence / 360) x 50 %.
Ainsi, si vous tombez malade en 2015, le calcul se fera à partir de vos revenus de l'année 2014. Les indemnités vous seront versées tous les 14 jours. Si votre maladie se prolonge au-delà de trois mois, elles peuvent être revues à la hausse pour compenser le manque à gagner.

01
En cas de problème de santé, vous pouvez aussi bénéficier de deux semaines (simultanées ou séparées) de congé pathologique.

››› Maternité, paternité, adoption

Maternité

L'affiliation au régime des artistes-auteurs vous donne droit au même congé maternité que les salariées. Seule condition : vous devez justifier de dix mois d'immatriculation à la Sécurité sociale. Il n'est pas obligatoire que vous ayez cotisé dix mois en tant qu'artiste-auteur, les périodes de salariat comptent aussi.

Dès que votre grossesse est confirmée (dans les trois premiers mois), faites parvenir votre formulaire de « premier examen prénatal » à votre caisse primaire d'assurance maladie. Cela déclenche alors la prise en charge et le remboursement des soins obligatoires liés à la grossesse : consultations de suivi, échographies, frais de séjour en hôpital ou clinique conventionnée, etc.

Pour bénéficier du congé maternité, vous devez établir une déclaration par laquelle vous vous engagez sur l'honneur à interrompre votre activité durant au moins huit semaines. Vous adressez cette déclaration à votre caisse primaire d'assurance maladie.

Actuellement, la durée du congé maternité (congé prénatal + congé postnatal 01) est de :

- 6 + 10 semaines pour le premier ou le deuxième enfant ;
- 8 + 18 semaines pour le troisième enfant ;
- 12 + 22 semaines pour des jumeaux ;
- 24 + 22 semaines pour des triplés ou plus.

Paternité

Le congé paternité d'une durée de 11 jours s'ajoute aux trois jours d'absence déjà autorisés au moment de la naissance. Ils doivent être impérativement pris dans les quatre mois suivant la naissance de l'enfant.

Adoption

En cas d'adoption d'un enfant, vous pouvez bénéficier d'un congé. Ce congé peut être partagé entre votre conjoint(e) et vous, si vous bénéficiez tous deux de droits à ce congé, soit de dix mois d'immatriculation à la Sécurité sociale.

Pour un premier ou un deuxième enfant, la durée du congé est de 10 semaines ; pour un troisième enfant, la durée du congé est de 18 semaines ; pour une adoption multiple, la durée du congé est de 22 semaines.

Le calcul de vos indemnités

Vos indemnités sont calculées en établissant la moyenne des revenus que vous avez engendrés au cours des 12 mois précédant votre arrêt. Votre caisse détermine ainsi la moyenne mensuelle de votre revenu, qui constitue le montant de vos indemnités mensuelles. Elles vous sont versées tous les 14 jours, et ce, à partir du début de votre congé. Elles sont soumises à l'impôt sur le revenu, ainsi qu'aux prélèvements CSG et CRDS.

Mathilde, graphiste et illustratrice, inscrite à la Maison des artistes depuis cinq ans, est maman de deux petits garçons.

« J'avais déjà pris un congé, il y a trois ans, à la naissance de mon premier fils. Au début, je me demandais si, en tant qu'indépendante, le congé maternité allait vraiment fonctionner. De fait, tout s'est très bien déroulé, j'avais été bien renseignée par un conseiller de la MdA. J'ai effectivement perçu mes indemnités journalières, puis repris le travail après quatre mois d'arrêt.

Pour mon second fils, j'ai bénéficié d'un congé pathologique de 15 jours, puis j'ai enchaîné sur le congé normal. Par contre, il y a eu un petit souci, car la MdA, à qui j'avais adressé ma déclaration de cessation d'activité, a tardé à la transmettre à ma caisse primaire. J'ai donc dû l'envoyer directement à ma CPAM, avec l'attestation de mes versements de cotisations, mais il y a quand même eu un gros retard dans le paiement de mes indemnités, qui ne m'ont été versées que lorsque mon bébé avait déjà deux mois ! De toute façon, en tant qu'indépendante, je conseille aux futures mamans de se constituer auparavant un petit matelas financier représentant à peu près deux mois de revenus avant de mettre un bébé en route, histoire de voir venir !

Au-delà des problèmes administratifs, la grande question était de savoir si j'allais retrouver mes clients à mon retour de congé. En ce qui me concerne, les choses sont facilitées par le fait que je partage un local avec une autre graphiste indépendante. Sans être associées, nous travaillons ensemble. Elle a des clients très réguliers et nous nous sous-traitons régulièrement des travaux. C'est un confort qui m'a permis de revenir en douceur, sans être obligée de reprendre par du démarchage de clients. Pour ma deuxième grossesse, j'ai envoyé un e-mail à l'ensemble de mes clients indiquant mes dates de congés et les invitant à contacter ma « collègue » pour leurs différentes demandes. J'ai aussi trouvé un graphiste "remplaçant", un ami, à qui j'ai confié quelques dossiers et briefs clients. Pour mon premier arrêt

de quatre mois, cela avait très bien marché ; cette fois-ci, je teste un arrêt plus long, en imaginant bien qu'il faudra "mettre les bouchées doubles" à mon retour ! Paolo est né en décembre, je vais enchaîner sur un congé parental jusqu'en septembre. L'indemnité n'est que de 740 euros, c'est un peu dur financièrement, mais entre les économies de crèche, de transport et, surtout, le plaisir de profiter de lui et d'être présente pour son frère, cela vaut le coup !
En comparaison, une de mes amies, qui est commerçante, ne bénéficie pas de la même protection sociale que nous. Financièrement, elle n'a pas eu le choix, et a dû reprendre le travail quand son bébé n'avait que trois semaines ! »

Pour toute information sur le congé maternité, consultez le site de la Sécurité sociale : *www.ameli.fr*. Pour toute information sur le congé parental, consultez le site de la Caisse d'allocations familiales : *www.caf.fr*.

QU'EST-CE QUE LA COMMISSION D'ACTION SOCIALE ?

Si vous rencontrez des difficultés financières, la Maison des artistes ou l'Agessa peut prendre en charge une partie de vos cotisations sociales. Cette aide s'adresse exclusivement aux artistes affiliés dont le bénéfice + 15 % est inférieur à la base forfaitaire minimale permettant l'ouverture des droits aux prestations et qui cotisent sur cette base. Seule une part des cotisations maladie, veuvage et vieillesse peut être prise en charge. Cette aide ne peut porter au maximum que sur deux exercices fiscaux consécutifs. Pour en bénéficier, vous devez retirer un formulaire à l'Agessa ; votre situation sera appréciée en tenant compte de celle de votre conjoint(e), concubin(e) ou partenaire de Pacs.

EN CAS DE DIFFICULTÉS...

Si vous rencontrez des difficultés, vous pouvez prétendre au revenu de solidarité active (RSA). Son obtention est soumise à plusieurs conditions (avoir plus de 25 ans, résider en France...). Vous pouvez prendre tous les renseignements nécessaires auprès du centre d'action sociale de votre mairie ou de votre département. En matière d'assurance chômage, la situation des artistes est particulière. En effet, vous ne versez pas de cotisations au régime d'assurance chômage. Vous pouvez bénéficier d'une allocation de solidarité spécifique, à condition de justifier de votre professionnalisme et d'avoir retiré de l'exercice de votre activité des moyens d'existence réguliers pendant au moins trois ans. L'attribution de cette allocation est soumise à l'examen des ressources mensuelles. Cette allocation est attribuée pour une période de six mois renouvelables, quand l'auteur a fait la preuve qu'il recherche effectivement un emploi. Vous pouvez vous renseigner auprès de Pôle emploi.

EN RÉSUMÉ, POUR DEVENIR ARTISTE-AUTEUR

En année N, je m'inscris :

- auprès du centre des impôts ;
- selon mon activité et en présentant des factures de travaux déjà réalisés, auprès de la MdA, si je suis graphiste, artiste plasticien, illustrateur (hors illustrateurs diffusés par l'édition) ; auprès de l'Agessa, si je suis photographe ou illustrateur diffusé par l'édition (édition de librairie, multimédia ou voie de presse).

En année N + 1, je déclare mes revenus :

- aux impôts ;
- à la MdA ou à l'Agessa avant le 1er mai.

Après examen de mon dossier

- Si je remplis les conditions de ressources (mon BNC + 15 % = 900 fois le Smic horaire), je suis affilié au régime social des artistes-auteurs à partir du 1er janvier de l'année N + 1.
- Si je ne remplis pas ces conditions, mon dossier passe en commission professionnelle. Je peux être affilié malgré des ressources insuffisantes. Si je ne suis pas affilié, je conserve mon ancien statut social et je continue de cotiser via le précompte.
- Je m'inscris auprès de l'Ircec.

AUTRES STATUTS JURIDIQUES POSSIBLES

Si le régime d'artiste-auteur de la MdA ou de l'Agessa est particulièrement avantageux et adapté à la situation des artistes, il se peut aussi qu'il ne vous convienne pas ou que vous ne puissiez pas l'obtenir. Cela peut être le cas lorsqu'une part importante de votre activité relève de l'exécution et non de la seule création, lorsque vous proposez des services techniques comme la partie référencement ou hébergement d'un site ou l'exécution de maquettes conçues par un autre que vous, ou que vous sous-traitez l'impression de documents.

Il vous faut alors choisir parmi des statuts plus classiques.

↳ L'activité libérale en entreprise individuelle. Ce statut est adapté à ceux qui souhaitent travailler en solo, car l'on y bénéficie d'une grande marge de manœuvre. Ce statut convient aux activités (généralement intellectuelles) ne nécessitant pas une mise de fonds importante et dont les risques professionnels sont limités.

↳ La création d'une société de type SARL, EURL, voire SCOP. Le choix de la création d'une société est plus adapté si vous prévoyez un développement rapide de votre activité, des investissements importants, si vous possédez un patrimoine que vous souhaitez protéger ou si vous désirez vous associer.

↳ Enfin, deux statuts alternatifs, le portage et la coopérative d'activité, peuvent être considérés comme des étapes pour « tester » votre activité dans une forme proche du salariat.

EXERCER UNE ACTIVITÉ LIBÉRALE EN ENTREPRISE INDIVIDUELLE

C'est la solution la plus simple en France, et la plus couramment adoptée par les créateurs d'entreprises. Contraintes et formalités sont souples, et vous pouvez démarrer sans capital de départ imposé. La notion de liberté que l'on y associe signifie concrètement que vous n'avez pas à formaliser les choix que vous effectuez pour votre entreprise (contrairement à la SARL, voir p. 39) ni à rendre compte de votre gestion ou à publier vos comptes annuels.

En revanche, et c'est là un point important à connaître, sachez qu'étant l'entreprise à vous tout seul, vous êtes en quelque sorte « confondu » avec votre activité. Alors que le dirigeant d'une société possède des biens personnels distincts de ceux de son entreprise, un entrepreneur individuel est responsable sur son patrimoine privé des dettes éventuellement causées par son activité professionnelle, et ce, indéfiniment, c'est-à-dire jusqu'à épuisement des dettes en question. Concrètement, pour un graphiste, le risque est plutôt mince, mais il faut tenir compte de cet aspect de l'entreprise individuelle tant il peut être lourd de conséquences. Pensez-y, notamment en matière de régime matrimonial.

Comment se protéger ?

Il existe deux façons de se protéger de cette responsabilité.

→ En faisant établir une déclaration d'insaisissabilité. Cette déclaration s'effectue devant notaire et protège la part de votre patrimoine qui n'est pas affectée à votre usage professionnel. Il est possible de protéger votre domicile, même si vous travaillez chez vous.

→ En optant pour le régime de l'EIRL, qui permet d'établir une déclaration d'affectation du patrimoine. Par cet acte, vous désignez un patrimoine professionnel – l'ensemble des biens nécessaires à votre activité (matériel informatique, véhicule professionnel…) – qui seul pourra faire l'objet d'une saisie en cas de créance. L'EIRL est une option que vous pouvez choisir au moment des formalités de création de votre entreprise. Pensez-y dès le démarrage, car seules les dettes créées après la prise de l'option EIRL pourront être circonscrites au patrimoine affecté.

En pratique, comme ces deux clauses peuvent être cumulées, vous pouvez ainsi protéger l'ensemble de votre patrimoine privé. Pour plus de sécurité, pensez aussi à choisir un régime matrimonial qui ne rende pas votre conjoint(e) solidaire de vos éventuelles dettes.

Enfin, toujours dans le but de protéger votre patrimoine privé, pensez à souscrire une assurance professionnelle (voir p 86).

››› Les formalités de début d'activité

L'Urssaf est le CFE dont dépendent les professions libérales. Vous devez vous inscrire dans les huit jours suivant votre début d'activité (par exemple, dans la semaine qui suit votre première commande). En vous connectant sur le site *www.guichet-entreprises.fr* ou sur *www. urssaf.fr*, vous pourrez remplir une liasse P0 PL de déclaration de début d'activité. Vous obtiendrez en ligne un accusé de réception (le récépissé de dépôt de dossier d'entreprise) indiquant que vous avez bien effectué les démarches d'installation.

De la même façon que pour les artistes-auteurs, le CFE de l'Urssaf centralise les pièces de votre dossier et les transmet aux différents organismes concernés : votre organisme de protection sociale (le RSI), le centre des impôts et l'Insee. De la même façon, l'Insee vous attribue un code NAF et votre numéro Siret.

01
La liste de ces organismes est disponible sur le site de l'assurance maladie des professions indépendantes : www.rsi.fr.

››› Cotisations sociales

Dès lors que vous avez déclaré votre activité, vous êtes redevable de charges sociales. Vos premiers paiements interviendront après un délai minimum de 90 jours. En tant que non-salarié, votre protection sociale relève du régime social des indépendants (le RSI). Lorsque vous déclarez votre activité, l'Urssaf vous communique une liste d'organismes conventionnés (OC) ayant pour mission d'assurer la gestion de votre couverture 01. Vous avez alors trois mois pour faire votre choix. C'est à cet organisme conventionné que vous ferez parvenir, chaque année avant le 1er mai, votre déclaration de revenus. Cette déclaration sera automatiquement transmise aux autres organismes sociaux (Urssaf et caisses de retraite) pour le calcul de vos cotisations.

Les cotisations sociales sont calculées sur la base de vos revenus professionnels. Vos revenus réels n'étant pas connus durant la première année de votre activité, une base forfaitaire sur laquelle seront calculées vos cotisations est alors déterminée. Elle est de :

- 19 % du plafond annuel de la Sécurité sociale la première année ;
- 27 % du plafond annuel de la Sécurité sociale la deuxième année.

Jusqu'en janvier 2014, le réajustement par rapport aux revenus réellement perçus ne se faisait qu'au terme des deux premières années. Désormais, celui-ci intervient dès que les revenus de la première année sont connus. Le risque de décalage entre la base de calcul forfaitaire et vos revenus réels est donc moins important. Ainsi, si vous avez payé trop de cotisations provisionnelles, vous bénéficierez plus rapidement du remboursement du trop-perçu. À l'inverse, si vous devez verser un complément de cotisations, vous aurez la possibilité de l'étaler plus facilement.

››› Vos cotisations

COTISATION	ASSIETTE	TAUX
Maladie-maternité	Totalité du revenu professionnel	6,50 %
Allocations familiales	Totalité du revenu professionnel	2,15 à 5,25 % (suivant les revenus)
Contribution sociale généralisée (CSG)	Totalité du revenu professionnel	7,50 %
Contribution au remboursement de la dette sociale (CRDS)	Totalité du revenu professionnel	0,50 %
Formation professionnelle	Plafond annuel de la Sécurité sociale	0,25 %

››› Taux des cotisations d'assurance vieillesse de base

TRANCHE	REVENUS PROFESSIONNELS ÉGAUX À	TAUX
Tranche 1	Jusqu'à 85 % du plafond de la Sécurité sociale, soit jusqu'à 31 915 € en 2014	9,75 %
Tranche 2	Entre 85 % et 5 fois le plafond de la Sécurité sociale, soit entre 31 915 et 187 740 € en 2014	1,81 %

Par ailleurs, concernant la retraite de base, la retraite complémentaire, ainsi que l'assurance invalidité et décès, vous devez également vous faire connaître du régime dont vous relevez parmi ceux que gère la Caisse nationale d'assurance vieillesse des professions libérales (*www.cnavpl.fr*). *« Les personnes exerçant leur activité dans le domaine des arts graphiques et plastiques et n'étant pas considérées comme créatrices d'œuvres originales »* relèvent de la Cipav : 9, rue de Vienne, 75403 Paris Cedex 08, tél. : 01 44 95 68 20, *cipav-retraite.fr*. Pour la retraite complémentaire, l'adhérent cotise en fonction de son revenu professionnel de l'avant-dernière année. À titre indicatif, les cotisations pour 2014 vont de 1 198 € à 15 570 €. S'ajoutent enfin les cotisations invalidité et décès : 76 €, 228 € ou 380 €, au choix.

››› Fiscalité

La fiscalité qui s'applique aux professions libérales est celle des bénéfices non commerciaux (voir p. 97), soumis ou non à la TVA. Vous rejoignez en cela le statut des artistes-auteurs.

DU RÉGIME AUTOENTREPRENEUR AU RÉGIME MICROENTREPRENEUR

À sa création en 2009 et durant ses premières années, le régime de l'autoentrepreneur a suscité de vifs débats. Sa réforme a fait l'objet d'une loi en juin 2014, loi dont les nouvelles dispositions seront adoptées au plus tard le 1er janvier 2016, ou, pour certaines d'entre elles, dès 2015. Dans sa nouvelle version, le régime, désormais appelé « du microentrepreneur » ou « de la microentreprise » reste bien ce « sas d'entrée » vers l'entreprise individuelle, destiné, par sa simplicité, à favoriser la création d'entreprise. Il réunit désormais le régime microsocial de l'autoentrepreneur et le régime fiscal simplifié de la

01
Un chiffre d'affaires nul doit malgré tout faire l'objet d'une déclaration trimestrielle.

02
Cette exonération était de deux ans jusqu'en 2014.

microentreprise (qui permettait aux entrepreneurs de régler leur impôt sur une base forfaitaire et de manière simplifiée).

Le régime microentrepreneur comprend trois branches : artisans, commerçants ou professions libérales. En tant que graphiste, vos prestations relèvent d'une activité libérale.
Vous pouvez bénéficier de ce régime si vous répondez aux conditions suivantes :
- votre chiffre d'affaires ne dépasse pas le plafond de 32 900 € annuels HT ;
- vous êtes en franchise de base TVA, c'est-à-dire que vous ne la facturez pas à vos clients, mais ne la récupérez pas non plus sur vos achats (voir p. 110).

L'intérêt de ce régime est de vous permettre de régler vos cotisations sociales sur une assiette constituée de votre chiffre d'affaires, et non à partir d'une assiette forfaitaire comme dans le cas de l'entreprise individuelle classique. Dans le cas où vous ne réalisez pas de chiffre d'affaires, vous n'avez pas de cotisations à acquitter. En outre, vous réglez vos cotisations dès le démarrage de votre activité, chaque mois ou trimestre, donc en temps réel par rapport aux revenus que vous percevez. Ces versements sont dits « libératoires », c'est-à-dire définitifs, et vous ne devez pas anticiper une régularisation ultérieure, comme cela peut être le cas avec l'entreprise classique. Vous avez donc une visibilité immédiate des cotisations que vous devez verser. Jusqu'à un certain seuil de revenus, vous pouvez aussi opter pour le versement libératoire de votre impôt sur le revenu.
En cas de chiffre d'affaires nul 01, vous n'avez ni impôt ni cotisation à acquitter ; mais, dans ce cas, attention, lorsque vous n'acquittez pas de cotisations sociales, vous ne bénéficiez pas de couverture sociale liée à votre statut et vous ne cumulez pas non plus de trimestres pour la retraite.
Enfin, autre avantage, le régime de la microentreprise vous exonère également du versement de la contribution foncière des entreprises (CFE) pendant l'année de création de votre activité 02.

Bon à savoir : vous pouvez aussi bénéficier de l'EIRL (voir p. 34), sous le régime de la microentreprise.

Le tableau ci-dessous vous indique les cotisations et le taux d'imposition qui seront prélevés sur votre chiffre d'affaires.

CHARGES SOCIALES	VERSEMENT LIBÉRATOIRE DE L'IMPÔT	FORMATION PROFESSIONNELLE	TAUX GLOBAL DES CHARGES SOCIALES ET FISCALES CALCULÉES SUR LE CHIFFRE D'AFFAIRES
23,30 %	2,20 %	0,20 %	25,70 %

Le forfait de cotisations sociales indiqué dans ce tableau regroupe :
- la cotisation d'assurance maladie-maternité ;
- la cotisation supplémentaire d'indemnités journalières (excepté pour les activités libérales) ;
- la CSG/CRDS ;
- la cotisation d'allocations familiales ;
- la cotisation de retraite de base ;
- la cotisation au titre de la retraite complémentaire obligatoire ;
- la cotisation au régime d'invalidité et de décès.

Attention, concernant la retraite, vous devez, pour valider vos quatre trimestres annuels, avoir réalisé dans l'année un chiffre d'affaires minimal. En 2014, ce chiffre d'affaires était égal à 8 663 €.

Renseignements et inscription : les démarches d'inscription sont particulièrement simples et peuvent s'effectuer en ligne à partir des sites *www.lautoentrepreneur.fr*, *www.guichet-entreprises.fr* ou *www.urssaf.fr*.
À partir de 2016, il sera obligatoire d'effectuer les formalités de création d'une microentreprise et de déclarer son chiffre d'affaires par voie dématérialisée.

››› Ce régime est-il adapté au métier de graphiste ?

- Dès lors que vous avez fait le choix d'opter pour l'entreprise individuelle (au vu des raisons évoquées plus haut), oui, il est intéressant d'opter pour le régime de la microentreprise, ne serait-ce que dans un premier temps. Facilités de création, cotisations et impôts assis sur votre chiffre d'affaires réel : ces deux aspects permettent de démarrer sereinement une activité indépendante.

→ À long terme, l'intérêt de ce régime doit être questionné sur le plan fiscal : l'impossibilité de récupérer la TVA et de déduire les frais professionnels peut rendre plus intéressant le passage au réel, notamment en cas d'investissements importants.
Par ailleurs, la microentreprise est limitée par un plafond de chiffre d'affaires. Or, toute entreprise ayant vocation à se développer, et donc, à augmenter son chiffre d'affaires, le fait de rester en régime de microentreprise peut apparaître comme un manque de dynamisme aux yeux de certains clients.

Est-il possible de cumuler régime d'artiste-auteur (pour la prise en charge des activités de création) et microentreprise (pour les activités techniques et d'exécution) et de bénéficier des avantages des deux régimes ? S'il subsiste un certain flou juridique (et dans ce cas, mieux vaut consulter l'Urssaf), les limites apparaissent rapidement : dès lors que les deux sources de revenus sont déclarées en BNC, l'Urssaf prend en compte l'ensemble de ces revenus pour s'assurer que vous ne dépassez pas le plafond de 32 900 €. La limite sera donc vite atteinte, sans compter que peu de clients acceptent de recevoir une double facturation, sous deux régimes différents, pour une seule et même commande.

CRÉER SA SOCIÉTÉ, SARL OU EURL

La création d'une société vous permet de séparer votre patrimoine personnel du patrimoine nécessaire à l'exercice de votre activité. De plus, dans le cas de la SARL et de l'EURL, votre responsabilité est limitée aux apports initiaux que vous effectuez (sauf en cas d'erreur de gestion manifeste, telle que des dépenses trop importantes ou une fraude fiscale). Nous étudierons la forme de la société à responsabilité limitée (SARL) et sa variante, l'entreprise unipersonnelle à responsabilité limitée (EURL), qui nous semblent les plus adaptées au métier de graphiste. Dans l'ensemble, ces deux formes de société requièrent les mêmes formalités de création et de fonctionnement.

La SARL est constituée d'au moins deux associés (avec un maximum de 100 associés). Du fait de la limitation de la responsabilité et de sa souplesse de fonctionnement entre associés, c'est la forme de société la plus adoptée en France.

→

L'EURL est une SARL constituée d'un seul associé. Elle bénéficie de certains allègements de fonctionnement. L'EURL peut être dirigée par le gérant-associé unique ou par un tiers.

››› **Les étapes de création**

Du fait de la création d'une entité juridique distincte de vous-même (une « personne morale »), les démarches de création sont plus nombreuses et formalisées que dans le cas d'une entreprise individuelle. Vous devrez aussi observer un formalisme plus important au cours de la vie de votre entreprise.

Choisir une dénomination sociale

Assurez-vous que le nom dont vous souhaitez faire usage n'est pas déjà utilisé ou n'a pas été déposé par une autre société.
Pour cela, effectuez une recherche auprès de l'Institut national de la propriété industrielle (INPI). Renseignements sur *www.inpi.fr*.

Rédaction des statuts

Les statuts sont les textes regroupant l'ensemble des droits et obligations qui lient entre eux les associés d'une société. Ils définissent les objectifs et règles de fonctionnement. Ils indiquent également les caractéristiques de la société : forme juridique, dénomination, siège, objet, capital social et sa répartition, nom des associés. En revanche, il est recommandé d'indiquer dans un document séparé le nom du ou des dirigeants.
Les statuts ayant des incidences juridiques, sociales et fiscales, il est vivement recommandé de se faire assister d'un notaire ou d'un avocat pour rédiger ceux d'une SARL.
À la différence de la SARL, l'associé étant unique dans le cas de l'EURL, le CFE peut vous remettre des statuts types que vous n'aurez qu'à compléter.

Constitution du capital social

Le capital social d'une SARL ou d'une EURL est librement déterminé par le ou les associés. Il est mentionné dans les statuts. Il peut être constitué par un apport financier ou en nature, votre équipement informatique, un local ou un véhicule, par exemple.
Dans l'un ou l'autre cas, le capital de départ doit être raisonnable et proportionnel aux besoins futurs de l'entreprise. Il doit vous permettre de faire face aux premiers investissements et dépenses.

La sous-capitalisation de votre société est considérée comme une faute de gestion.
Une fois ce capital constitué, il doit être déposé sur un compte bloqué, dans une banque, à la Caisse des dépôts (*www.caissedesdepots.fr*) ou chez un notaire. Les fonds seront débloqués sur présentation par le gérant d'un extrait K-bis (immatriculation de votre société), puis virés sur le compte bancaire de la société. Dès lors, vous pourrez utiliser ces fonds pour les besoins de cette dernière.

Inscription auprès du CFE, puis d'un journal d'annonces légales
Le CFE dont vous dépendez est celui de la chambre de commerce et d'industrie. C'est lui qui vous fournira la liste des pièces nécessaires à votre inscription au registre du commerce et qui transmettra votre inscription aux différents organismes dont vous relèverez. En attendant que votre inscription soit définitivement enregistrée, le CFE vous fournira un récépissé du dépôt de votre dossier, portant notamment la mention « en attente d'immatriculation ». Ce document vous permettra de réaliser vos autres démarches.
Par ailleurs, la constitution de votre société doit être publiée dans un journal d'annonces légales. Votre CFE vous donnera la liste de ces journaux et un modèle d'avis à compléter.
Vous pouvez aussi, comme dans le cas de l'entreprise individuelle, effectuer ces deux inscriptions en ligne sur le site *www.guichet-entreprise.fr*.
Ces démarches ont un coût.
- Publication dans un journal d'annonces légales : env. 190 €
- Immatriculation au registre du commerce et des sociétés : env. 85 €

Proche de la SARL, il existe une structure issue de l'économie sociale et solidaire, la Scop. La Scop est une SARL, mais dont les membres associés sont tous salariés. Et tout nouveau salarié embauché a vocation à devenir associé.
La Scop correspond particulièrement aux projets d'entreprise portés et mis en œuvre de façon collective. Elle affirme une exigence de fonctionnement démocratique : le principe qui régit les Scop, « une personne = une voix », est inscrit noir sur blanc dans les statuts. Concernant les profits, ceux-ci sont équitablement partagés entre les salariés associés, les « simples » salariés et les réserves de l'entreprise. Par ailleurs, les Scop en France constituent un réseau associatif au sein duquel les nouvelles structures coopératives sont

accompagnées pour la phase de création, puis pour le fonctionnement au quotidien.

Ces valeurs vous parlent ? Pour en savoir plus et trouver votre relais régional, consultez le réseau des Scop : *www.les-scop.coop*.

Statut social

Deux cas sont possibles concernant votre statut social.

Vous ou votre conjoint(e) exercez la fonction de gérant : votre régime social est celui des travailleurs non salariés, comme dans le cas de l'entreprise individuelle.

Si la gérance est exercée par un tiers ou que vous êtes gérant minoritaire, votre régime social est dit « assimilé-salarié » : vous bénéficiez du régime de sécurité sociale et de retraite des salariés, à l'exception de l'assurance chômage.

Enfin, votre société doit adhérer à une caisse de retraite complémentaire des salariés. Cette démarche est obligatoire, que vous employiez ou non des salariés. Cependant, tant que vous n'emploierez aucun salarié, vous n'aurez pas de cotisations à acquitter.

Où vous inscrire ? Contactez l'Agirc (Association générale des institutions de retraite des cadres, *www.agirc.fr*) et l'Arrco (Association pour le régime de retraite complémentaire des salariés, *www.arrco.fr*), qui seront à même de vous indiquer une caisse auprès de laquelle adhérer.

DEVENIR ARTISAN (D'ART)

Le métier de graphiste offre également la possibilité de s'inscrire en tant qu'artisan d'art : graphiste, photographe de mode ou photographe illustrateur. Pour la création et l'immatriculation d'une entreprise artisanale, le CFE compétent est celui de la chambre des métiers. Ensuite, la mention d'« artisan d'art » s'obtient sur lettre de motivation.

TRAVAILLER EN ASSOCIATION LOI 1901 : UNE FAUSSE BONNE IDÉE

Nous vous déconseillons vivement de créer une association avec comme objectif d'en devenir salarié. Sur le principe, tout d'abord, une association doit avoir un but non lucratif et une vocation philanthropique, ce qui n'est pas le cas de votre activité professionnelle. Mais, surtout, en tant qu'employeur, votre association devra s'acquitter de charges sociales, voire de l'impôt sur les sociétés, de la taxe professionnelle et de la TVA si ses bénéfices sont importants. Enfin, il vous sera impossible de la transformer en société ou de partager ses biens en cas de dissolution. Une option à éviter, donc...

PORTAGE SALARIAL ET COOPÉRATIVE D'ACTIVITÉS ET D'EMPLOI : UNE TROISIÈME VOIE ?

Signalons enfin deux types de structure vous permettant d'entreprendre autrement, en bénéficiant d'un statut de salarié.

››› Le portage salarial

Le principe du portage salarial est assez simple. Vous démarchez des clients ; lorsque vous êtes sur le point de concrétiser une mission, vous faites établir un contrat de service formalisant la relation tripartite existant entre la société pour laquelle vous effectuez la mission, la société de portage et vous-même (le « porté »). La société de portage vous salarie pour le temps nécessaire à la réalisation de vos contrats, en prenant à sa charge toutes les démarches légales. Votre client la paie en honoraires. La société vous rémunère selon ces honoraires, en prélevant au passage charges sociales, taxes et frais de gestion. Pour vous, globalement, la retenue est de l'ordre de 48 à 52 % du montant de la prestation facturée.
L'intérêt de cette formule est de bénéficier des avantages du salariat et d'avoir une démarche de travailleur indépendant sans pour autant s'installer à son compte. Pendant votre mission, vous bénéficiez des mêmes droits que tout salarié. La fin de votre mission correspond à une fin de contrat à durée déterminée et vous ouvre droit aux allocations chômage, jusqu'à la prochaine mission. Le Code du travail stipule, dans l'article *L. 1251-64* : *« Le portage salarial est un ensemble de relations contractuelles organisées entre une entreprise de portage, une personne portée et des entreprises clientes comportant pour la personne portée le régime du salariat et la rémunération de sa prestation chez le client par l'entreprise de portage. Il garantit les droits de la personne portée sur son apport de clientèle. »*

Cependant, un calcul plus approfondi et sur le long terme doit prendre en compte le fait que vous payez à la fois les charges patronales et salariales dans le cas du portage. Une fois vos impôts déduits, quel est votre revenu réel ? Par ailleurs, tous les investissements (matériel, dépenses de fonctionnement) que vous pourrez réaliser seront à votre charge et non pas à celle de votre entreprise, comme dans le cas d'un « vrai salarié ». Enfin, il semblerait que malgré ce statut « d'assimilé salarié », les portés rencontrent encore

des résistances de la part des agences Pôle emploi pour le paiement de leurs indemnités en cas de chômage. À surveiller donc.
Au final, la solution du portage apparaît comme une phase de transition, le moyen de « tester » votre marché et vos capacités à travailler en indépendant. Avant de choisir, consultez plusieurs sociétés de portage, de préférence affiliées à un organisme syndical des entreprises de portage : *www.peps-syndicat.fr* ou *www.uneps.org*. Interrogez-les sur les modalités de versement des salaires, le montant des commissions qu'elles prélèvent, les prestations et accompagnements qu'elles proposent en plus du portage (réunions d'information, recouvrement des honoraires non perçus, formations, etc.).
Sachez enfin, car c'est important, qu'une société de portage se réserve le droit de ne pas prendre en portage un professionnel dont les revenus n'atteindraient pas un montant suffisamment rentable… Pour y réfléchir posément, consultez aussi le *www.guideduportage.com*.

››› Devenir entrepreneur-salarié avec les coopératives d'activités et d'emploi

Ces coopératives proposent un concept original, celui d'entrepreneur-salarié, qui associe indépendance de l'entrepreneur d'une part, salaire et protection sociale du salarié d'autre part. Comme les Scop, ces structures sont issues de l'économie sociale et solidaire. L'entrepreneur-salarié recherche et démarche ses clients, négocie les termes du contrat et exécute ses prestations dans la plus totale autonomie. Ensuite, il transmet tous les éléments nécessaires à la CAE, qui va alors facturer les clients, encaisser les règlements, effectuer les reversements de TVA et, à partir de ces éléments, calculer le salaire mensuel de l'entrepreneur-salarié, gérer ses fiches de paie, etc. La CAE est également responsable juridiquement des activités professionnelles des entrepreneurs-salariés.
L'entrepreneur-salarié bénéficie de la même protection sociale que les autres salariés (maladie, vieillesse, médecine du travail, etc…), assurance chômage comprise. Ainsi, en cas de départ de la CAE, il peut retrouver ses droits à l'indemnisation chômage. Les congés maladie, maternité, etc., fonctionnent aussi de la même façon que pour les salariés. Au-delà de ce cadre juridique, la CAE offre également un accompagnement pédagogique à l'entreprenariat.
Les premières facturations vont permettre d'indiquer un niveau de salaire sur le contrat ; ces rémunérations sont lissées sur l'année pour assurer un revenu stable et mensualisé. De façon logique, ce

niveau de rémunération est au départ très faible ; ce sont les facturations successives qui vont permettre d'augmenter peu à peu la rémunération, par le biais d'une série d'avenants au contrat.
La rémunération versée à l'entrepreneur correspond au montant facturé au client, montant duquel sont déduites les cotisations sociales HT, correspondant aux frais de fonctionnement de la CAE.
Les CAE accompagnent les projets d'activités ne nécessitant pas un investissement financier trop important au démarrage : elles sont donc adaptées à l'exercice du métier de graphiste.

Un système ouvert à tous ?

Le choix d'une CAE s'inscrit dans une démarche spécifique : l'objectif est moins de créer une entreprise « classique », destinée à se développer, embaucher ou conquérir de nouveaux marchés, que de permettre à des porteurs de projets qui, généralement, ne peuvent pas prendre de risques financiers, de créer leur propre emploi. Si le portage salarial peut offrir un accompagnement, il constitue avant tout un moyen d'obtenir un cadre juridique pour fonctionner.
Côté CAE, la dimension d'accompagnement est plus présente. En contrepartie, rejoindre une CAE, c'est aussi accepter un fonctionnement qui s'inscrit dans une dimension collective, même si chaque entrepreneur-salarié reste maître de son activité. Chaque CAE anime et soutient son réseau d'entrepreneurs-salariés de façon à susciter un maximum d'échanges, l'apprentissage mutuel, les collaborations ponctuelles et les sous-traitances : ateliers-métiers, démarches de mise en réseau, création de réseaux sociaux, lettres d'information... Par ailleurs, la partie administrative étant portée par la CAE, il arrive que vous soyez dans l'obligation d'utiliser les documents à en-tête et charte graphique de la CAE ; certaines CAE (pas toutes) demandent aussi que vous intégriez vos fichiers clients dans une base commune. Certains peuvent ne pas se retrouver dans cette dimension collective qui, même si elle n'a rien d'obligatoire, est très présente dans le projet des CAE.
Mais la CAE peut aussi faire office d'« incubateur » : une fois l'activité lancée, il est tout à fait possible d'en faire évoluer la forme juridique et de quitter la coopérative pour créer une entreprise de statut classique (entreprise individuelle, autre coopérative ou société).

Renseignements

Coopérer pour entreprendre, 45-47 rue d'Hauteville, 75010 Paris.
Tél. : 01 42 63 47 41. *www.cooperer.coop*

AILLEURS EN EUROPE

Statuts juridique et social, formalités de démarrage, organismes référents... : qu'en est-il de la création d'entreprise en Belgique, au Luxembourg et en Suisse ?

Comment créer et exercer une activité de graphiste indépendant en Europe francophone, en Belgique, au Luxembourg et en Suisse ? Dans l'ensemble, les formalités de création d'une entreprise et les différents statuts juridiques sont proches de ceux qui ont cours en France, et la dématérialisation facilite et accélère les démarches et l'obtention de renseignements. Les différences portent davantage sur les implications fiscales.
En revanche, le régime d'« artiste » ne recouvre pas les mêmes réalités que ce que nous avons vu pour la France. Nous évoquerons les dispositions qui s'y rattachent, mais, au sein de chaque État, il vous appartiendra de vous adresser aux services que nous vous indiquerons pour savoir dans quelle mesure vos prestations – ou les travaux menés en parallèle – pourraient être concernées.

Les démarches que nous indiquons ci-dessous valent pour les ressortissants des trois pays. Sachez qu'il peut exister des dispositions spécifiques pour les personnes souhaitant y créer une activité sans y résider (avis aux transfrontaliers). Néanmoins, pour les ressortissants français, belges et luxembourgeois, rappelons deux principes fondamentaux du marché intérieur de l'Union européenne :

- la liberté d'établissement permet aux professionnels de mener une activité économique de manière stable et continue dans un ou plusieurs États membres ;
- la libre prestation de services permet à un professionnel de fournir ses services dans un autre État membre sans devoir y être établi.

De façon générale, le portail Europe direct (*http://europa.eu/europe-direct/*) vous permet de poser (par mail ou gratuitement par téléphone) les questions relatives à vos déplacements professionnels au sein de l'UE. Vous y trouverez aussi les points d'information de votre pays.

EN BELGIQUE

DEVENIR TRAVAILLEUR INDÉPENDANT

Que vous choisissiez de créer une entreprise individuelle ou une société, en Belgique, les formalités à effectuer pour créer une activité indépendante sont regroupées par les guichets d'entreprises agréés (GEA). Ces organismes vont réaliser votre inscription et l'immatriculation de l'entreprise auprès de la Banque-Carrefour des entreprises (BCE 01), puis vous faire parvenir votre numéro unique d'entreprise. Ce numéro identifie votre entreprise et vaut aussi comme numéro de TVA. Le GEA perçoit également les frais administratifs pour le traitement administratif de votre immatriculation. Pour les entreprises non commerciales et non artisanales, l'inscription est gratuite, mais tout changement ultérieur coûte (en 2014) 82,50 €. Cette même somme représente le coût d'inscription d'une entreprise commerciale ou artisanale.
Par la suite, le GEA auquel vous vous serez adressé pour la création de votre activité restera votre interlocuteur administratif pour toutes les questions touchant aux formalités à accomplir.
Parmi les neuf GEA qui existent en Belgique, vous pouvez librement choisir le vôtre. Vous en trouverez la liste sur le site *economie.fgov.be*.

››› Contrôle des connaissances de gestion de base

Afin de limiter les risques de faillite, la connaissance de certaines notions d'économie et de gestion est évaluée chez le créateur d'entreprise individuelle ou de société.
Les connaissances à maîtriser portent sur les compétences entrepreneuriales (les motivations, la réalisation d'un plan d'entreprise et son étude de faisabilité, les réseaux de conseillers professionnels) ; la création d'entreprise (les différentes formes juridiques, les régimes matrimoniaux, les assurances obligatoires, le statut social des travailleurs indépendants, les aides publiques, subsides

01
La Banque-Carrefour des entreprises est le répertoire des entreprises belges. L'inscription y est obligatoire.

02
À nuancer cependant : en cas d'emprunt, la banque vous demandera souvent d'être votre propre caution solidaire et indivisible !

et crédits) ; les aspects comptables, financiers et fiscaux ; la gestion commerciale et la législation (responsabilités, droits et obligations, faillite, accords commerciaux).
Si le dirigeant d'entreprise ne possède pas lui-même ces compétences, il doit apporter la preuve qu'il peut faire appel à l'une des personnes suivantes :
- son (sa) conjoint(e) ou son cohabitant légal ;
- le partenaire avec qui il/elle vit depuis au moins six mois ;
- un salarié avec un contrat de travail à durée indéterminée ;
- un aidant indépendant, à condition qu'il s'agisse d'un allié jusqu'au troisième degré (parents, enfants, nièce ou neveu, oncle et tante, etc.)

La personne qui prouve les connaissances de gestion de base doit effectivement exercer la gestion journalière de l'entreprise.

››› Création d'une entreprise individuelle

La demande d'inscription doit comprendre les données et documents suivants :
- votre nom, prénom et numéro de registre national ou votre numéro d'identification dans la Banque-Carrefour de la sécurité sociale ;
- si un mandataire général agit à votre place, son nom, son prénom, son numéro d'inscription au registre national ou son numéro d'identification à la Banque-Carrefour de la sécurité sociale ;
- la dénomination de l'entreprise ;
- l'adresse de l'entreprise et des unités d'établissement, ainsi que leur adresse électronique et leurs coordonnées téléphoniques ;
- les différentes activités de l'entreprise ;
- pour les entreprises commerciales et artisanales, le nom, le prénom, le numéro de registre national ou le numéro d'identification à la Banque-Carrefour de la sécurité sociale de la ou des personnes qui fournissent la preuve des capacités entrepreneuriales ;
- la date du début des activités ;
- le ou les numéros des comptes financiers de l'entreprise.

À partir d'un certain seuil de revenus, pour avoir la possibilité de séparer votre patrimoine personnel de celui de l'activité ou pour créer une activité avec des associés, il devient nécessaire de créer une société 02.

››› Création d'une société privée à responsabilité limitée (SPRL)

La SPRL est la seule société pouvant être créée par une seule personne ; il s'agit alors d'une SPRLU (pour « unipersonnelle »). De ce fait, elle est souvent considérée comme la forme juridique la plus adaptée aux petites ou moyennes entreprises.

Elle peut aussi être créée par plusieurs personnes. Chaque participant n'engage que son apport.

Elle obéit à un certain formalisme et, de ce fait, son acte constitutif doit être déposé devant notaire.

Cet acte constitutif comprend les informations détaillées ci-dessous.

- Forme juridique.
- Dénomination : il peut s'agir du nom de l'associé unique ou de l'un des associés.
- Siège social.
- Objet : les activités exercées dans le cadre de la SPRL doivent être dûment indiquées.
- Durée de la société (cette durée peut être indéterminée ou limitée dans le temps).
- Identité des fondateurs et associés.
- Capital : il doit être au minimum de 18 550 € ; dont 12 400 € doivent être entièrement libérés en cas de création d'une SPRLU, et 6 200 € s'il y a au moins deux associés.
- Nombre et valeur nominale des parts sociales, éventuellement conditions de cession des parts.
- Date de début et de fin de l'exercice comptable.
- Assemblée générale et périodes de réunion.
- Désignation des gérants, qui peuvent être nommés dans les statuts (gérants statutaires) ou non (gérants non statutaires).

Une fois cet acte constitutif rédigé, le notaire qui s'en est chargé le dépose dans les 15 jours au greffe du tribunal de commerce, qui attribuera un numéro à l'entreprise.

Par ailleurs, il est aussi nécessaire de procéder :

- à l'élaboration d'un plan financier ;
- à l'ouverture d'un compte particulier au nom de la société, dès la phase de création de l'entreprise ;
- en cas d'apports en nature, un rapport doit être établi par un réviseur d'entreprise 01.

01
Un réviseur d'entreprise est un expert indépendant et impartial, dont la mission principale est d'assurer la fiabilité des comptes annuels ou consolidés.
Il intervient au service des entreprises, des pouvoirs publics et des organismes du secteur non marchand.
Il intervient également en matière de médiation ou d'audit d'entreprises et d'organisations.

Être dirigeant de SPRL

Généralement, la SPRL est gérée par une seule personne, la plupart du temps une personne physique. Cependant, il est possible que plusieurs associés de la SPRL soient nommés gérants.
Ce gérant peut être désigné nommément dans l'acte constitutif (notamment si vous créez une SPRLU) ou désigné lors de l'assemblée générale. Le gérant d'une SPRL perçoit une rémunération pour sa gestion, sous forme d'un montant fixe, d'une part des bénéfices ou d'une combinaison des deux systèmes de rémunération. Le montant est fixé par les associés.

››› Statut social

Au plus tard le jour de la création de votre entreprise, en tant que travailleur indépendant ou dirigeant de société, vous devez demander votre affiliation auprès d'une caisse d'assurances sociales.

La liste des 12 caisses auprès desquelles vous pouvez vous affilier est disponible sur le site de l'Institut national d'assurances sociales pour travailleurs indépendants (Inasti), qui, en Belgique, est en charge du statut social des travailleurs indépendants : protection maladie, prestations familiales, faillite, pension de retraite. En cas de cessation de votre activité d'indépendant et en attendant de retrouver une autre activité professionnelle, vous pouvez continuer à bénéficier de l'assurance sociale pendant une durée de deux ans. L'assurance en cas de faillite vous permet de maintenir vos droits en matière de prestations familiales et de soins pendant quatre trimestres et, sous condition, de bénéficier d'une prestation mensuelle (dont le montant est calculé d'après vos précédents revenus professionnels).

Parallèlement à votre caisse d'assurances sociales, vous devez également vous affilier à une mutuelle pour la couverture de risques tels que : l'hospitalisation, la rééducation, les soins de maladies longue durée, mais aussi, plus couramment, les visites chez le médecin, la délivrance de médicaments, etc.
Les sociétés doivent elles aussi s'affilier à une caisse d'assurances sociales, mais également payer une cotisation à charge des sociétés, de même qu'une cotisation spéciale à l'Inasti. En outre, les dirigeants et administrateurs étant également considérés comme travailleurs indépendants, ils sont aussi concernés par les affilia-

tions à titre individuel auprès d'une caisse d'assurances sociales et d'une mutuelle.

Renseignements
Institut national d'assurances sociales pour travailleurs indépendants (Inasti)
Place Jean Jacobs, 6, 1000 Bruxelles
Tél. : (+32) (0)2 546 42 11, *www.rsvz.be*

UNE ALTERNATIVE À LA CRÉATION D'ENTREPRISE

Vous démarrez votre activité et préférez prendre le temps de la tester ? Vos revenus sont encore occasionnels, vous recherchez une structure pour prendre en charge la partie administrative et vous concentrer sur votre métier ? Vous pouvez vous adresser à une société d'intérim pour artistes ou à un bureau social des artistes.

››› SMartBe, un intermédiaire entre l'artiste et ses clients

SMartBe est une association s'adressant aux professions artistiques, technico-artistiques, ou connexes à la création (production, diffusion), ainsi qu'aux métiers dont le fonctionnement est proche des professions artistiques : journalisme, communication, traduction, métiers du Web ou de la formation, etc. Née en Belgique il y a une quinzaine d'années, elle y a créé une dizaine de bureaux et a exporté sa formule dans dix pays européens (dont la France).
Le principe est simple : SMartBe se positionne en intermédiaire entre vous et votre client.
Vous négociez votre contrat, puis l'enregistrez sur votre compte via le site *www.smartbe.be*. De son côté, SMartBe prend en charge la partie administrative ; elle calcule le montant des charges sociales, des assurances, ainsi qu'une somme représentant 6,5 % du montant facturé hors TVA pour participation aux frais d'organisation.
Elle envoie ensuite la facture finale à votre client et vous reverse votre rémunération nette. Grâce à un fonds de garantie, cette rémunération vous est versée dans les sept jours ouvrables. En cas de retard de règlement, l'association se charge du recouvrement.
Durant votre prestation, vous êtes ainsi assuré et travaillez sous le statut de salarié. Vous recevez une fiche de salaire, un formulaire

01
Leasing (ou crédit-bail en français) : forme de location portant sur des biens à usage professionnel, et dont le locataire peut, au terme du contrat, devenir propriétaire. La location peut aussi déboucher sur la poursuite de la location ou sa résiliation.

de fin de prestation (C4) et une attestation du montant à déclarer aux impôts.
Pour bénéficier de ce service, vous devez devenir membre de l'association SMartBe et acquitter une cotisation annuelle de 25 €, prélevée automatiquement sur votre premier contrat (d'un montant minimum de 150 €).
Par ailleurs, l'association propose plusieurs services tels que des conseils juridiques, l'accompagnement au montage de projet, ou encore l'aide à l'acquisition de matériel professionnel suivant un système de leasing 01.
Au niveau collectif, elle mène des actions de lobbying pour faire évoluer la législation concernant le statut des artistes.

Renseignements
SMartBe
Rue Émile Féron, 70, B-1060 Bruxelles
Tél. : (+32) (0)2 542 10 80, *www.smartbe.be*

ENTREPRENDRE AUTREMENT : DU CÔTÉ DE L'ÉCONOMIE SOCIALE ET SOLIDAIRE

Tout comme en France, des structures belges d'accompagnement et de portage de projets, issues de l'économie sociale et solidaire, aident à construire puis à mettre en œuvre un projet de création d'entreprise. Coopératives d'activités ou couveuses offrent ainsi un encadrement qui sécurise le futur chef d'entreprise.

››› Coopératives d'activités : se lancer comme « candidat entrepreneur »

Ce dispositif, ouvert aux demandeurs d'emploi (Actiris, Forem ou VDAB) ou aux allocataires du CPAS, peut être sollicité une seule fois au cours de votre vie professionnelle. Après une phase obligatoire de 6 mois de préparation de votre projet, il consiste en une période de 18 mois maximum au cours de laquelle vous êtes accompagné dans le lancement de votre activité, tout en conservant votre statut et vos indemnités de demandeur d'emploi. À tout moment, vous avez la possibilité de créer votre activité indépendante ou de sortir du dispositif (prendre un emploi salarié ou bien revenir au statut de demandeur d'emploi). Vous pouvez aussi le suspendre, puis le reprendre plus tard, déduction faite du crédit-temps déjà utilisé sur les 18 mois.

Durant cette période, vous êtes juridiquement hébergé par la coopérative et bénéficiez, pour toutes vos formalités, de son numéro d'entreprise.

Vous démarchez vos clients, émettez devis et factures, et gérez vos comptes en utilisant votre propre nom et les numéros d'entreprise et de TVA de la coopérative. De son côté, la coopérative prend en charge la gestion juridique, administrative, comptable et financière de l'entreprise naissante, ce qui vous permet de vous concentrer sur votre activité et les contacts avec les clients.

Comme pour toute création d'entreprise, c'est à vous qu'il reviendra de financer le lancement de votre activité : équipement informatique, achat de logiciels, abonnement téléphonique et Internet, déplacements, etc.

Par ailleurs, un montant de 10 à 15 % est prélevé sur votre marge brute afin de contribuer au fonctionnement de la coopérative, mais aussi de vous placer en situation réelle de démarrage d'entreprise. La coopérative vous aide à vous constituer peu à peu un revenu régulier à partir de votre chiffre d'affaires.

Parallèlement au lancement de votre activité, la coopérative continue de vous accompagner. Ne négligez pas ce précieux soutien. Toute personne ayant créé sa propre activité l'expérimente assez vite : la solitude du créateur d'entreprise est difficile à vivre. Votre conseiller, grâce à son regard extérieur et à son expérience, est là pour vous aider à recadrer votre façon de faire, notamment en termes de prospection. Les formations prévues dans le parcours vous aident également à acquérir les compétences nécessaires en gestion et dans les qualifications qui pourraient vous faire défaut (juridiques, fiscales, financières…). Continuez aussi de fréquenter les ateliers collectifs ; le partage d'expérience avec des personnes qui se lancent en même temps que vous et rencontrent les mêmes difficultés et les mêmes interrogations est très formateur. Cela vous permet aussi de nouer des liens, d'échanger des contacts, bref, de constituer le premier cercle de votre réseau professionnel.

Renseignements

Le réseau CoopAc est la fédération rassemblant les coopératives d'activités belges.

Vous y trouverez la liste des coopératives existantes et pourrez les contacter pour connaître les démarches à effectuer.
www.coopac.be

UN STATUT D'ARTISTE ?

Il n'existe pas de statut juridique spécifique de l'artiste en Belgique ; celui-ci est soit salarié, soit fonctionnaire, soit indépendant. Cependant, des aménagements portant sur le statut social (régi par la loi du 24 décembre 2002, modifiée en décembre 2013) sont accordés aux artistes professionnels, afin de prendre en compte la précarité et l'intermittence de ces métiers, ainsi que la difficulté fréquente à démontrer le lien de subordination entre artistes et donneurs d'ordre.

››› Quels avantages ?

La loi étend l'application du régime de sécurité sociale des travailleurs salariés à toute personne fournissant des prestations artistiques contre rémunération, même lorsqu'il n'existe pas de contrat de travail. Concrètement, pour les artistes, ces aménagements couramment appelés « régime de l'article 1er bis » permettent de bénéficier d'une couverture sociale complète, comprenant les assurances maladie-invalidité, vacances annuelles et pensions. Cette couverture permet surtout à l'artiste de bénéficier des allocations chômage et de se maintenir en « période 1 » sans subir la dégressivité, et ce, tant qu'il exerce son art comme activité principale et parvient à se maintenir sur le marché professionnel sous contrat salarié.

« La présente loi [concernant la sécurité sociale des travailleurs] est également applicable aux personnes qui, ne pouvant être liées par un contrat de travail parce qu'un ou plusieurs des éléments essentiels à l'existence dudit contrat [...] sont inexistants, fournissent des prestations ou produisent des œuvres de nature artistique, contre paiement d'une rémunération pour le compte d'un donneur d'ordre, personne physique ou morale. Dans ce cas, le donneur d'ordre est assimilé à l'employeur et doit assumer les obligations visées aux articles 21 et suivants. Le caractère artistique de ces prestations ou œuvres doit être attesté par le biais d'un visa "artiste" délivré par la commission "Artistes". »
Loi-programme du 26 décembre 2013, chapitre II, article 21.

Par ailleurs, le but de la loi étant également de sécuriser les parcours professionnels d'artistes en facilitant l'inscription de ces activités dans le cadre d'un contrat de travail, les employeurs d'artistes bénéficient de cotisations patronales réduites.

››› Pour qui ?

La loi ne désigne pas de catégories professionnelles, mais des types de productions artistiques. Ces aménagements sont applicables à toute personne créant ou exécutant des « œuvres artistiques dans le secteur de l'audiovisuel et des arts plastiques, de la musique, de la littérature, du spectacle, du théâtre et de la chorégraphie ». Les travaux de conception graphique ne sont pas à proprement parler reconnus comme pouvant relever des œuvres artistiques ; seuls sont concernés les « arts appliqués non industriels ». Néanmoins, cette disposition peut vous concerner pour des travaux plus personnels : arts plastiques, photographie, images animées, etc.

››› Quels choix possibles ?

Jusqu'en 2002, les artistes étaient supposés n'exercer leur activité que sous statut salarié ou fonctionnaire, un donneur d'ordre étant nécessairement désigné comme leur « employeur ». Cette disposition étant dite « irréfragable » (il n'était pas possible de s'y opposer), les solutions hors salariat étaient les suivantes (elles restent d'ailleurs en vigueur et sont toujours adaptées à la situation des artistes) :

- rejoindre une structure de travail intérimaire (les bureaux sociaux d'artistes, BSA, voir sur *www.kunstenloket.be*) ;
- rejoindre une association se posant en intermédiaire entre un employeur et un artiste (SMartBe, voir p. 52).

Depuis le 1er juillet 2003, un artiste, en tant que personne physique, peut choisir d'exercer son activité en statut d'indépendant, ce qui ne lui était pas possible auparavant.

››› Comment procéder ?

La loi a institué une commission « Artistes ». Présidée par un magistrat, composée initialement de fonctionnaires des assurances sociales (ONSS et INASTI), elle est ouverte depuis 2014 à l'ONEm, aux partenaires sociaux et aux représentants du secteur artistique. Elle est chargée de plusieurs missions :

- définir les pratiques artistiques professionnelles ;

01
Les procédures liées à l'obtention de ce visa sont encore en attente à ce jour.

- examiner la situation de chaque artiste pour lui délivrer, lorsque les conditions (indépendance réelle, viabilité, compétences artistiques, démarche professionnelle...) sont réunies, une déclaration d'activité indépendante (les artistes peuvent, à leur demande, être reçus par cette commission) ;
- informer les artistes quant à leurs obligations et droits relatifs au statut de travailleur salarié ou de travailleur indépendant ;
- attribuer un visa « artiste » attestant d'une pratique artistique professionnelle. Ce visa est valable cinq ans et renouvelable 01.

Si vous estimez que votre activité professionnelle relève pour tout ou partie du secteur artistique, vous devez donc vous adresser à la commission « Artistes ».

Renseignements
Commission « Artistes »
www.rsvz-inasti.fgov.be/fr/selfemployed/artist_commission.htm
Tél. : + (32) (0)2 546 40 50
Adresse électronique : *info@articomm.be*

Certaines associations ont pour projet d'accompagner les artistes et créateurs dans leur vie professionnelle, et éventuellement vers la création d'entreprise.

››› Le Guichet des arts

Cette toute nouvelle structure associative a été créée en novembre 2013 par les pouvoirs publics, les syndicats, certaines unions d'artistes et sociétés de droits d'auteur, ainsi que par la Fédération Wallonie-Bruxelles, afin de répondre au besoin ancien (identifié lors des états généraux de la Culture lancés en 2004) de disposer d'une structure d'accompagnement des artistes concernant leur statut social et fiscal.
Le Guichet des arts a pour mission :
- d'informer collectivement et individuellement sur toutes les questions relatives au statut social et fiscal des artistes ;
- de présenter un programme de formation permanente des individus ou groupes concernés par les activités du Guichet ;
- de collecter toute information utile et relative à l'activité des secteurs concernés et d'analyser cette information ;

→ de poursuivre une veille politique, juridique et économique sur les questions relatives à l'exercice d'activités artistiques ou assimilées.

À cet effet, le Guichet organise des rencontres collectives sur des thèmes tels que « Travailler en tant qu'artiste, créateur ou technicien en Belgique », « Face au statut d'indépendant », « Séance d'information dédiée aux étudiants sortants »... Il est également possible de bénéficier d'une « consultation » : à partir d'une question posée par e-mail, l'équipe du Guichet des arts vous apporte une réponse (par e-mail ou téléphone) ou vous reçoit en entretien individuel.
Le Guichet des arts bénéficiant de financements publics, les séances d'information, de formation et les consultations sont gratuites. Par ailleurs, si le Guichet est actuellement implanté à Bruxelles, une ouverture à Charleroi ainsi que des consultations décentralisées en Wallonie sont néanmoins prévues.

Renseignements
Guichets des arts
Rue de Flandres, 46,
B- 1000 Bruxelles
www.guichetdesarts.be
Tél. : 00 (32) (0)2 548 10 58

››› **L'association ILES** (Initiatives locales pour l'emploi à Schaerbeek) soutient et accompagne toute personne souhaitant créer son propre emploi ou son entreprise. De l'analyse d'idées à la mise en œuvre du projet, en passant par l'établissement du plan d'affaires et la recherche de financements, ILES aide les entrepreneurs étape par étape.
En réponse aux besoins spécifiques rencontrés dans leur parcours professionnel par les créateurs (métiers du graphisme, du design, de la scène, de la musique, etc.), ILES a créé la plateforme **Artist Project.** Artist Project propose de l'information concernant le cadre légal du travail dans le secteur artistique et culturel (une réunion publique et gratuite par mois), des formations et du conseil individuel dans des secteurs aussi variés que le projet artistique, la création d'entreprise, la législation, les différents partenaires institutionnels, etc. Les formations sont payantes, mais certaines sont gratuites pour les demandeurs d'emploi résidant à Bruxelles.

Plus largement, vous trouverez sur le site d'Artist Project de nombreuses ressources concernant les appels à projets ou résidences, les organismes pouvant attribuer des bourses et subsides, un annuaire des associations professionnelles, ainsi que des fiches pratiques sur la législation sociale, le droit d'auteur, etc.
Plus récemment, ILES a également initié et porté la création de **Backstage Brussels**, coopérative d'activités. Backstage accueille les entrepreneurs créatifs souhaitant se lancer en tant qu'indépendant. Les entrepreneurs bénéficient ainsi d'un cadre sécurisé pour tester leur projet entrepreneurial : ils facturent via la coopérative, tout en conservant leurs allocations de chômage et en bénéficiant d'un accompagnement sur mesure (formations et conseil), dispensé par des professionnels de l'entrepreneuriat et des experts sectoriels des industries culturelles et créatives.

Renseignements
Pour Artist Project : *www.artistproject.be*, + 32 (0)2 244 92 24
Pour Backstage Brussels : *www.backstagebrussels.be*, + 32 (0)2 244 44 50
Pour ILES : *www.iles.be*, + 32 (0)2 244 44 45
Ces trois structures sont situées au sein de la Lustrerie Business Centre (rue des Palais, 133, B-1030 Bruxelles), par ailleurs centre d'hébergement d'entreprises.

››› **La Maison du design** est une association qui accompagne les designers dans leur projet de création, puis dans le développement de leur entreprise. Implantée à Mons, elle s'adresse à tout designer, sans condition de lieu de résidence.

↘ Accompagnement à la création d'entreprise

Cet accompagnement s'adresse aux designers n'ayant pas encore créé leur activité indépendante. Il comprend 80 heures de coaching individuel, coaching auquel s'ajoutent des séances d'information collectives.

↘ Accompagnement au développement d'activité

Un accompagnement pour mieux aborder certains moments clés de la vie de son entreprise, revoir son positionnement, trouver de nouveaux marchés, améliorer sa gestion, mieux communiquer, etc.
Ces deux types d'accompagnement sont payants, mais peuvent faire l'objet d'une prise en charge totale ou partielle via des aides publiques.

Une logique de réseau professionnel

Plus largement, la Maison du design propose de s'inscrire dans une démarche de réseau professionnel grâce à des animations et services réguliers, comme les Rendez-vous du design, organisés deux à quatre fois par an autour d'une thématique professionnelle, Design Reservoir, véritable vitrine en ligne du savoir-faire des designers, ou encore des ateliers, des workshops, des marchés de créateurs et de très originaux « speed-coaching » ouverts à tous pour tout savoir en 50 minutes sur les matériaux innovants, la propriété intellectuelle, la communication, etc. L'objectif de toutes ces manifestations est d'amener les designers à se rencontrer, de leur permettre de faire la connaissance de fournisseurs et clients potentiels, et, en retour, d'aider ces derniers à faire appel à des collaborateurs designers et à mieux comprendre les professions du design.

La Maison du design propose aussi des hébergements : un incubateur offrant cinq bureaux et huit ateliers, ainsi qu'un espace de coworking, pour des locations plus ponctuelles de locaux, en partenariat avec une autre association. Enfin, c'est aussi un centre de ressources où vous trouverez des informations sur le statut d'artiste, les droits d'auteur, les aides publiques auxquelles vous pouvez prétendre, les manifestations du design, etc. Elle a notamment publié un *Guide du designer indépendant* très complet, guide dans lequel vous trouverez les notions de base nécessaires à tout designer souhaitant s'installer à son compte.

Renseignements

Maison du design, 4, rue des Sœurs-Noires, B-7000 Mons
+ 32 (0)65 235 100, *www.maisondudesign.be*

››› Les couveuses d'entreprises

Si le principe est proche de celui de la coopérative d'activités, les couveuses d'entreprises ont ceci de différent que le créateur d'entreprise a cette fois-ci un statut de stagiaire en formation. Il est possible d'obtenir une bourse de 5 000 € pour financer les premiers investissements nécessaires au démarrage de l'activité.

Pour accéder au dispositif, vous devez avoir suivi un accompagnement (chaque couveuse en propose un) vous ayant permis de construire votre projet. Ce projet doit ensuite être agréé par le comité de validation de la couveuse.

Renseignements
Nous vous indiquons ici trois couveuses d'entreprises en région wallonne.
Job'in : *www.jobin.be*
Créajob : *www.creajob.be*
Sace, Système d'accompagnement à la création d'entreprise : *www.sace-asbl.be*

AIDES FINANCIÈRES

Voici, région par région, les principaux interlocuteurs pouvant vous aider à trouver les financements adaptés à votre situation, en fonction de la taille de votre projet d'entreprise, de votre statut (demandeur d'emploi, salarié, étudiant), de votre âge, de votre lieu de résidence ou de celui d'implantation de votre projet, etc. Plus largement, ces organismes sont vos interlocuteurs pour vous accompagner et vous conseiller dans votre démarche de création d'entreprise.

››› En Région Bruxelles-Capitale

Impulse.brussels (anciennement Agence bruxelloise pour l'entreprise, ABE) est une structure créée par le gouvernement de la Région Bruxelles-Capitale. Interlocutrice des créateurs d'entreprises, elle poursuit principalement trois missions :

- permettre aux entrepreneurs d'accéder rapidement à l'information dont ils ont besoin et les aider à identifier les interlocuteurs privés ou publics nécessaires à la mise en œuvre de leur projet d'entreprise ;
- animer un réseau favorable à la croissance d'entreprises innovantes, permettant la rencontre de partenaires, le partage des compétences ;
- proposer aux entrepreneurs un accompagnement ponctuel et ciblé sur leurs besoins.

Impuls.brussels a développé Ecosubsibrussels, un site de recherche des aides financières pour les créateurs d'entreprises.

Renseignements
Impuls.brussels : *www.abe-bao.be*

L'association met à disposition des entrepreneurs le numéro d'appel 1819 pour répondre à toutes les questions sur la création et le financement des entreprises. Il s'agit aussi d'un site Internet (*www.1819.be)*.
Ecosubsibrussels, portail des aides en Région Bruxelles-Capitale : *www.ecosubsibru.be*.
À consulter aussi : le Starterkit, autre site consacré à la création d'entreprise (*www.monstarterkit.be*).

Enfin, la Société régionale d'investissement de Bruxelles (SRIB), société de capital risque créée par le gouvernement de la Région Bruxelles-Capitale, soutient les jeunes entreprises à travers sa filiale Brustart par des prises de participation minoritaire dans le capital ou des prêts à long terme : *www.srib.be/fr/brustart*.

››› En Wallonie

La Sowalfin, Société wallonne de financement et de garantie des petites et moyennes entreprises, est une société anonyme d'intérêt public mise en place par le gouvernement wallon pour faciliter l'accès au financement pour les entreprises. Ce soutien peut se traduire par différents outils :

- garantie dans le cas de la souscription d'un prêt bancaire ;
- souscription d'un prêt complémentaire à un prêt bancaire ;
- apport de capital.

La Sowalfin a développé à travers Socamut des dispositifs axés sur le microcrédit, plus spécifiquement destiné aux indépendants et très petites entreprises.

Renseignements
+ 32 (0)4 237 07 70
Socamut : *www.socamut.be*
Sowalfin : *www.sowalfin.be*

L'Agence de stimulation économique (ASE) de la Région wallonne a créé Midas, le portail de recherche des aides publiques : *www.aides-entreprises.be*
Consultez aussi le site *www.aidesdirectes.be*, qui propose notamment une bourse de préactivité pour vous donner les moyens de faire analyser votre projet d'entreprise.
Plus largement, *www.infos-entreprises.be* est aussi un site ressource en matière de création d'entreprise en Wallonie.

››› Dans la Fédération Wallonie-Bruxelles

Au sein de l'administration générale de la Culture, la Commission consultative des arts plastiques (CCAP) est l'organisme chargé de la gestion des arts plastiques, de l'artisanat de création et du design. Elle apporte différentes aides aux artistes plasticiens, designers et artisans de création.
Vous trouverez sur son site une rubrique consacrée à différentes aides et subventions auxquelles vous pouvez postuler, en particulier des aides à la création et à la production.

Renseignements
www.artsplastiques.cfwb.be

››› En Flandre

Le ParticipatieMaatschappij Vlaanderen (PMV, Société flamande de participation) est un organisme créé par le gouvernement flamand. Il regroupe les solutions de financement des entreprises, notamment les aides publiques. Le PMV propose en particulier Cultuurinvest, un fonds d'investissement destiné aux métiers de la culture et de la création.

Renseignements
+ 32 (0)2 229 52 30, *www.pmv.eu*

AU LUXEMBOURG

DEVENIR TRAVAILLEUR INDÉPENDANT

Au Luxembourg, les secteurs d'activité sont organisés en cinq chambres professionnelles (chambre des salariés, chambres des fonctionnaires et employés publics d'une part, chambres patronales

d'agriculture, de commerce et des métiers d'autre part). Le rôle de ces chambres est de défendre les intérêts des groupes professionnels et entreprises qu'elles représentent et d'intervenir dans le débat législatif concernant leurs ressortissants.
Concernant les graphistes, la chambre professionnelle de référence est la chambre des métiers, qui regroupe des secteurs d'activité aussi variés que la communication, le multimédia, les arts, la mode, la santé, l'hygiène, la construction, la mécanique et l'équipement technique.
C'est donc auprès de la chambre des métiers 01 que vous trouverez les interlocuteurs pouvant vous accompagner dans la création de votre activité et l'accomplissement des différentes formalités, que nous vous détaillons ci-dessous.

UN STATUT D'ARTISTE

S'il existe au Luxembourg un statut d'artiste indépendant, ce statut n'est pas adapté aux graphistes.
Attribué sous condition par le ministère de la Culture, valable pendant 24 mois (renouvelables), il permet de percevoir des aides financières à caractère social lorsque les revenus de l'artiste n'atteignent pas un certain seuil. Il concerne (entre autres) les auteurs et interprètes des arts graphiques et plastiques, et les créateurs d'œuvres photographiques, audiovisuelles ou numériques. Cependant, les artistes doivent mener ce travail artistique à l'exclusion de toute autre activité professionnelle non artistique générant un revenu annuel supérieur à 12 fois le salaire minimum pour travailleurs qualifiés. De plus, les professionnels relevant des activités artisanales ne peuvent bénéficier de ce statut. De ce fait, les graphistes ne sont pas concernés.

››› Comment procéder ?

L'administration luxembourgeoise a créé De Guichet, un portail d'accès à ses services et informations, comprenant trois volets :
- un portail « citoyen » ;
- un portail « entreprises » ;
- MyGuichet, qui permet d'effectuer les démarches en ligne pour les détenteurs d'un certificat de signature électronique LuxTrust.

L'étape préalable à toute création d'activité indépendante au Luxembourg consiste à demander une autorisation d'établissement auprès de la direction générale PME et Entrepreneuriat.
Vous devez fournir les documents suivants :
- le formulaire de demande complété ;

01
Chambre des métiers du Grand-Duché de Luxembourg
2, circuit de la Foire-Internationale
Luxembourg-Kirchberg, BP 1604
L-1016 Luxembourg
Tél.: + (352) 42 67 67 – 1,
www.cdm.lu

- une déclaration d'honorabilité ;
- les documents attestant de votre qualification professionnelle ;
- une copie de votre carte d'identité ;
- un timbre fiscal d'un montant de 24 € acquitté auprès de l'Administration de l'enregistrement et des domaines (*www.aed.public.lu*) ;
- un projet de statuts si vous souhaitez créer une société.

Vous pouvez vous adresser directement à la direction générale PME et Entrepreneuriat (*www.mcm.public.lu*), vous tourner vers le service « contact entreprise » de la chambre des métiers, ou utiliser MyGuichet. Opter pour la démarche en ligne a pour avantage de vous permettre de générer automatiquement deux formulaires qui vous seront nécessaires dans vos démarches ultérieures :
- affiliation en tant qu'indépendant à la Sécurité sociale ;
- formulaire prérempli d'inscription à la TVA.

››› Choisir son statut juridique

En tant qu'entrepreneur, vous pouvez exercer votre activité en votre nom propre (entreprise individuelle) ou en créant une société à responsabilité limitée (SARL), ou sa variante, la SARL unipersonnelle.

EXCERCER EN ENTREPRISE INDIVIDUELLE

L'entreprise individuelle est le statut juridique le plus simple et comprenant le moins de formalités à accomplir (vous n'avez notamment pas de statut à rédiger).
Elle est utilisée par les personnes souhaitant créer et exercer leur activité en solo, car elle assure une totale liberté de décision, et permet indépendance et réactivité.
Il n'est pas nécessaire de constituer un capital social pour créer une entreprise individuelle, mais, en contrepartie, votre patrimoine et celui de l'entreprise sont confondus. De ce fait, en cas de difficultés financières, vous êtes susceptible de répondre des dettes de l'entreprise sur vos biens propres. En conséquence, le cas échéant, il peut être nécessaire de revoir votre régime matrimonial et d'opter pour la séparation de biens pour mettre votre patrimoine personnel à l'abri.
Si vous exercez seul, mais que vous souhaitez néanmoins séparer votre patrimoine de celui de votre entreprise, étudiez également la

solution de la SARL unipersonnelle, solution que nous vous présentons page 68.

››› Quelles formalités ?

Une fois votre autorisation d'établissement acceptée par la direction générale PME et Entrepreneuriat, les démarches suivantes doivent encore être effectuées :

- inscription auprès du Centre commun de la sécurité sociale (voir ci-dessous) ;
- enregistrement auprès de l'Administration des contributions directes (ACD, *www.impotsdirects.public.lu*), dès réception de votre autorisation d'établissement (l'ACD est notamment chargée du recouvrement de l'impôt direct et de l'impôt foncier) ;
- enregistrement auprès de l'Administration de l'enregistrement et des domaines (AED), chargée de la perception de la TVA (*www.aed.public.lu*). Cette inscription est facultative tant que votre chiffre d'affaires ne dépasse pas 25 000 €.

››› Votre protection sociale

En tant que chef d'une entreprise libérale, vous devez vous inscrire comme travailleur indépendant auprès du Centre commun de la sécurité sociale. Cette formalité s'effectue auprès du Centre commun : *www.ccss.lu*.

La première année de votre activité, les cotisations sont calculées sur la base du salaire minimum (1 921,03 € en 2014). Par la suite, une fois vos revenus connus, l'assiette de cotisations est constituée de votre revenu net, auquel les cotisations suivantes sont appliquées :

RISQUES	TAUX	PLAFOND
Maladie-maternité – prestation en nature – prestation en espèces	 5,60 % 0,50 %	 9 605,13 €
Vieillesse, invalidité, survivants	16 %	9 605,13 €
Dépendance	1,40 %	Totalité du revenu
Assurance accident	1,10 %	9 605,13 €

Que recouvre cette protection sociale ?

Le versement de ces cotisations vous permet de bénéficier de la couverture des risques suivants.

- Assurance maladie-maternité : prise en charge des soins, paiement d'indemnités journalières en remplacement du revenu professionnel. En cas de décès de l'assuré ou d'un membre de la famille, paiement d'une indemnité funéraire.
- La pension d'invalidité vous est versée si, pour des raisons de santé, vous êtes dans l'obligation de cesser votre activité professionnelle avant l'âge normal de la retraite.
- L'assurance dépendance prend en charge les aides et les soins de la personne dépendante qui vit à son domicile ou dans un établissement. Elle complète les aides et les soins qui ne sont pas pris en charge par l'assurance maladie.
- Vieillesse : il s'agit du droit à la pension de vieillesse, ouvert à partir de l'âge de 65 ans pour tout assuré justifiant au moins de 120 mois d'assurance. La cotisation survivance donne accès à une pension aux enfants, au conjoint/partenaire ou aux parents.
- Accident/maladie professionnelle : cette assurance vous couvre en cas d'accident du travail, accident sur votre trajet, ou en cas de maladie professionnelle reconnue (liste figurant sur le site de l'Association d'assurance accident, *www.aaa.lu*).

Pour toute autre information sur la couverture sociale, consultez le site de la Caisse nationale de santé : *www.cns.lu*.

››› Affiliation facultative à une mutuelle

Vous pouvez aussi souscrire une mutuelle pour compléter votre protection sociale et celle de vos proches. La Mutualité des employeurs a été créée en 2009 à cet effet.

Renseignements sur le site de la Mutualité des employeurs, *www.mde.lu*.

Par ailleurs, la Caisse médico-chirurgicale mutualiste propose sur son site une liste des sociétés de secours mutuel, sociétés qui vous permettent de compléter votre protection sociale. N'hésitez pas à comparer les différentes offres avant de souscrire.

Renseignements

Caisse médico-chirurgicale mutualiste
www.cmcm.lu, rubrique « Informations »

CRÉER UNE SOCIÉTÉ

La volonté de créer une société répond à différents besoins : celui de s'associer avec un autre professionnel, de mieux séparer son patrimoine privé de celui de l'entreprise, ou d'assurer à son entreprise un capital plus solide, afin de permettre un développement important.
Pour une activité de graphiste, la structure qui semble la mieux adaptée – et que nous étudierons ci-dessous – est celle de la société à responsabilité limitée (SARL), si vous souhaitez vous associer avec un autre créateur. Si vous désirez exercer seul et en société, vous pouvez aussi choisir sa variante, la SARL unipersonnelle.
Sachez néanmoins qu'il existe trois autres formes de société, pour lesquelles vous pouvez vous renseigner auprès de votre chambre professionnelle ou d'un expert-comptable. La société anonyme (SA) concerne les entreprises d'envergure financière importante. La société en nom collectif (SNC) comporte des risques en termes de responsabilité (elle est illimitée) et convient essentiellement aux sociétés dont les associés sont unis par des liens familiaux. Enfin, la société en commandite simple (SCS) possède des avantages proches de ceux de la SARL, mais des risques supérieurs (responsabilité illimitée), raison pour laquelle elle est de moins en moins utilisée.

››› Caractéristiques des SARL

La société à responsabilité limitée est un type de société qui permet de limiter la responsabilité des associés au montant de leurs apports, et dans laquelle le contrat de société est lié à la personne des associés, qui font le choix de travailler ensemble. De ce fait, les parts ne sont pas cessibles sans l'accord des différents associés.
La SARL requiert la constitution d'un capital social pouvant être composé en numéraire ou en apport en nature. Actuellement, ce capital social minimal est de 12 394,68 €.
La SARL est constituée de 2 à 40 associés. La SARL unipersonnelle ne compte qu'un associé, tout en bénéficiant des caractéristiques de la SARL.
Les parts sociales sont nominatives, elles ont une valeur au moins égale à 24,79 €. Leur cession est soumise à l'agrément de l'assemblée générale des associés.

Pour assurer le fonctionnement de la société, l'assemblée générale des associés désigne un ou plusieurs gérants. Les statuts indiquent la durée de leur mandat et les modalités d'exercice.
Dans le cas de la SARLU, l'associé unique prend les décisions de façon unilatérale. Cependant, plusieurs personnes peuvent être désignées gérantes de la société en dehors de cet associé unique.

››› Disponibilité de la dénomination

Quelle que soit la forme juridique que vous retiendrez, votre société sera inscrite au registre du commerce et des sociétés du Luxembourg (RCS). Assurez-vous que la dénomination que vous souhaitez utiliser pour votre société est disponible.
Pour ce faire, déposez une demande de disponibilité au RCS ; cette démarche s'effectue en ligne, mais il faut compter une vingtaine de jours pour obtenir la réponse. Mieux vaut donc s'y prendre à l'avance.

Comment procéder ?

En ligne, sur *www.rcsl.lu*.

››› Compte bancaire et capital social

Après obtention de votre autorisation d'établissement, la prochaine étape consiste à déposer le capital social minimum requis sur le compte bancaire de la future société. Le plus simple est d'ouvrir le compte auprès d'une banque établie au Luxembourg, même si cela ne constitue pas une obligation.
Les pièces suivantes doivent être produites pour l'ouverture de ce compte :

- projets de statuts (ils seront ensuite affinés par le notaire) ;
- copie des pièces d'identité des représentants de la société ;
- adresse du siège de la société et des représentants ;
- autorisation d'établissement.

Afin de lutter contre le blanchiment d'argent, la banque est susceptible de vous demander de motiver la création de votre société.
Une fois ces démarches effectuées, la banque ouvre alors un compte qui restera bloqué jusqu'à la constitution de la société. Elle vous remet ensuite un certificat de blocage, qui vous sera nécessaire pour les formalités à effectuer chez le notaire.
Lorsque la constitution de la société sera effective, la banque débloquera le capital, qui sera alors à disposition de l'entreprise.

››› Rédaction des actes et enregistrements

La prochaine étape consiste à consulter un notaire. Outre son rôle de conseil (en particulier dans le choix des statuts), le notaire doit également rédiger les actes notariés (aussi appelés « actes authentiques ») relatifs à votre entreprise. Voici ce que le notaire fait.

→ Il vous assiste dans la rédaction de vos statuts ; les statuts constituent la charte fondamentale de la société, sa raison d'être, et fixent ses règles de fonctionnement. Ils comprennent au minimum les éléments suivants : raison sociale, type de société, objet social, raison de commerce, capital social, siège social, durée de vie de la société, nom des associés solidaires, nom des gérants, nature et limites de leurs pouvoirs.

→ Une fois ces actes constitutifs signés par vos associés et vous-même, il les fait enregistrer auprès de l'Administration de l'enregistrement et des domaines dans les 15 jours, puis les publie au Mémorial C (le Mémorial C est le recueil contenant les publications sur les sociétés et associations).

→ Il inscrit ensuite votre société au registre du commerce et des sociétés (RCS) du Luxembourg.

Comment trouver un notaire ?

Le choix d'un notaire est libre. Consultez la chambre des notaires.
53, boulevard Joseph-II, L-1019 Luxembourg
Tél. : 00 (+352) 45 51 40, *www.notariat.lu*

››› Droit d'enregistrement

Au moment de la constitution de votre société, vous vous acquitterez d'un droit spécifique d'enregistrement auprès de l'Administration de l'enregistrement et des domaines (AED) : *www.aed.public.lu*. Le montant actuel de ce droit est de 75€.

Vous pouvez consulter sur le site du RCS (*www.rcsl.lu*) les tarifs d'enregistrement et de dépôt des actes authentiques.

››› Votre protection sociale

En tant que gérant de société, vous êtes assimilé aux travailleurs indépendants pour ce qui relève de votre protection sociale. Reportez-vous aux informations indiquées p. 66. Réfléchissez également à la souscription d'une mutuelle.

Vous pouvez aussi affilier les membres de votre famille à votre charge en tant que coassurés.

AIDES FINANCIÈRES

Au Luxembourg, la direction générale PME et Artisanat/direction générale des Classes moyennes (qui gère notamment le droit d'établissement) est également l'interlocuteur auquel vous adresser concernant le régime des aides que l'État peut accorder aux créateurs d'entreprises. Ces aides ont notamment pour vocation de soutenir l'esprit d'entreprise ; ainsi, le « régime d'investissement initial » s'adresse spécifiquement aux entrepreneurs créant leur première entreprise.
Direction générale des Classes moyennes (ministère de l'Économie) :
19-21, boulevard Royal, L-2449 Luxembourg
Tél. : (+352) 247 84 715
www.mcm.public.lu

Par ailleurs, vous estimez que votre activité présentera un caractère innovant devant être soutenu ?
Luxxinovation est l'Agence nationale pour la promotion de l'innovation et de la recherche.
Elle peut dans certains cas assurer le cofinancement de la protection de la propriété industrielle technique, l'innovation de procédé ou les études de faisabilité technique.
Luxinnovation
7, rue Alcide de Gasperi, l-1615 Luxembourg
Tél. : (+352) 43 62 63-1
www.luxinnovation.lu

EN SUISSE

En Suisse, les graphistes peuvent exercer en raison individuelle (indépendant), société à responsabilité limitée (SARL) ou société anonyme (SA). Le plus souvent, c'est la forme de l'entreprise individuelle qui est retenue, du fait de sa simplicité de constitution et de fonctionnement, adaptée à une personne seule. Le choix de la société (SARL ou SA) est davantage le choix de personnes souhaitant s'associer ou ayant un patrimoine personnel à protéger.

DEVENIR TRAVAILLEUR INDÉPENDANT

À quelques exceptions réglementaires près, la loi fédérale sur la création d'entreprise est la même sur l'ensemble du territoire suisse, et les cantons sont chargés de la faire appliquer.
L'administration cantonale dont vous dépendez est donc le premier interlocuteur vers lequel vous tourner.
Dans un premier temps, voici les principales démarches à effectuer, et ce, quelle que soit la forme juridique de votre structure.

››› S'enregistrer auprès du registre du commerce

Le registre du commerce, géré par les cantons 01, est la base de données répertoriant les entreprises du territoire cantonal ; il existe une base de données centrale au niveau de la Confédération. Ces données sont accessibles par un seul et unique portail, *Zefix.ch*, index central des raisons commerciales. L'inscription au registre du commerce est obligatoire pour toutes les sociétés et pour les entreprises individuelles réalisant au moins CHF 100 000 de chiffre d'affaires annuel.
Le registre du commerce est le garant de la transparence des entreprises. Il mentionne les informations suivantes :

- la raison sociale ;
- l'année de création ;
- le siège et l'objet social ;
- le nom des associés, des membres du conseil d'administration ;
- la situation des capitaux ;
- éventuellement, l'organe de révision agréé chargé de la vérification des comptes annuels de l'entreprise, dans le cas des SARL et des SA.

Toute société inscrite au registre du commerce a l'obligation de tenir une comptabilité formalisée et complète mentionnant :

- l'inventaire et le bilan d'entrée à l'ouverture d'une société ;

01
À l'exception des cantons de Bern et du Valais, où le district en a la charge.

- le compte de résultat ;
- le bilan ;
- le rapport annuel.

Les sociétés inscrites au registre du commerce bénéficient de la protection de leur nom et de leur raison sociale à l'échelle du canton (pour les entreprises individuelles) ou à l'échelle confédérale (pour les SA et SARL). En outre, cette inscription donne davantage de fiabilité à l'entreprise. C'est pourquoi certaines entreprises individuelles, même sans y être obligées, font le choix de s'y inscrire.

››› S'assurer

Autre démarche importante : vous devez signaler la création de votre entreprise à votre caisse de compensation cantonale. Pour les entreprises en raison individuelle, cette inscription valide l'exercice indépendant de votre activité. De façon générale, cette inscription est indispensable pour assurer votre sécurité sociale et votre prévoyance (alors que cette formalité est assurée par les employeurs pour les travailleurs salariés).

Deux sortes d'assurances doivent être distinguées : les assurances personnelles, qui concernent tous les entrepreneurs, quel que soit leur statut, et les assurances d'entreprise, obligatoires pour les créateurs de SARL et de SA, facultatives pour les entrepreneurs individuels. Ces assurances se répartissent au sein des trois « piliers » de prévoyance de la sécurité sociale suisse.

Le premier pilier, obligatoire pour toutes les entreprises

Ce premier pilier d'assurances concerne les assurances suivantes.

- Assurance vieillesse et survivants (AVS) : elle assure aux cotisants la perception d'un revenu minimum vital de vieillesse (rente de vieillesse, allocation pour impotence, moyens auxiliaires) et prend en charge le risque décès pour la famille (rente de survivant pour les veufs/veuves et orphelins).
- Assurance invalidité (AI) : cette assurance vous couvre en cas d'atteinte à votre santé entraînant une incapacité totale ou partielle, permanente ou de longue durée. Elle couvre aussi les périodes de rééducation pendant lesquelles vous ne pouvez pas travailler.

- Assurance pour perte de gain (APG) : cette assurance compense une partie de la perte de gain pour les personnes assurant le service militaire, civil ou de protection civile, ou prenant un congé maternité. Concernant le congé maternité, la mère doit avoir cotisé à l'AVS durant les neuf mois précédant l'accouchement et avoir travaillé pendant cinq mois minimum durant cette période. La rente, correspondant à 80 % du revenu (et d'un montant maximum de CHF 196 par jour), est versée pendant 98 jours à partir de la naissance de l'enfant.

Ce premier pilier est obligatoire pour tous les citoyens suisses et ressortissants étrangers travaillant en Suisse. Néanmoins, les conjoints collaborateurs non rémunérés exerçant une activité dans l'entreprise de leur époux ou épouse peuvent en être exemptés si le ou la chef d'entreprise s'acquitte d'une cotisation égale au double de la cotisation minimale.
Le taux de cotisation s'élève à 10,3 % du revenu pour l'ensemble de ces trois assurances (8,4 % pour l'AVS, 1,4 % pour l'AI et 0,5 % pour l'APG). Ces dernières sont moins élevées pour les travailleurs indépendants que pour les salariés.

Allocations familiales
Depuis 2013, une nouvelle cotisation, obligatoire pour tous, relative aux allocations familiales et dont le taux varie suivant les cantons et les caisses, s'est ajoutée à ce premier pilier. Elle permet aux travailleurs indépendants de bénéficier d'une allocation mensuelle pour enfant (jusqu'à 16 ans, 20 ans en cas de handicap) et d'une allocation de formation professionnelle pour les jeunes de 16 à 25 ans. Dans certains cantons 01, il est aussi possible de bénéficier d'une allocation de naissance ou d'adoption.
Par ailleurs, en tant que dirigeant de SARL ou de SA, vous devez également souscrire :
- à l'assurance chômage, pour vous comme pour vos éventuels salariés (2,2 % du salaire annuel jusqu'à CHF 126 000, 1 % au-delà) ;
- à l'assurance accident pour vos éventuels salariés et obligatoirement pour vous-même, en qualité de dirigeant de SARL ou de SA. L'affiliation se fait auprès de compagnies d'assurances privées.

01
Pour les cantons de LU, UR, SZ, FR, VD, VS, NE, GE et JU.

02
Ce seuil est révisable chaque année ; le montant de CHF 21 060 correspond à l'année 2014.

Où s'inscrire, se renseigner ?
Les inscriptions s'effectuent auprès des caisses de compensation cantonales. Les coordonnées se trouvent sur *www.ahv-iv.info*.
À noter : pour les entreprises individuelles, l'inscription à la caisse de compensation s'effectue directement via *www.startbiz.ch* (voir p. 76).

Le deuxième pilier, Caisse de pension ou Prévoyance professionnelle (LPP)

Cette prévoyance, souscrite dans le cadre professionnel, a pour objectif de compléter la rente AVS.
Ce pilier est obligatoire pour les employés d'entreprises individuelles, SARL ou SA dont le salaire est égal ou supérieur à CHF 21 060 02.
En tant que travailleur indépendant, vous pouvez aussi faire le choix d'y souscrire, même si votre revenu se situe en deçà de ce seuil.
Cependant, il vous est également possible de souscrire une prévoyance professionnelle auprès d'un organisme privé de prévoyance (voir ci-dessous le troisième pilier). Les différences en termes de cotisation et de couverture peuvent être significatives.

Où s'inscrire, se renseigner ?
Les autorités cantonales de surveillance et l'Office fédéral des assurances sociales (OFAS) sont vos relais pour toutes les questions touchant à la prévoyance professionnelle. Leurs coordonnées sont indiquées sur les sites suivants :
www.ahv-iv.info, rubrique « Mémentos et formulaires », puis « Mémentos » et « Autres assurances sociales » ;
www.bsv.admin.ch, rubrique « Prévoyance professionnelle et 3e pilier ».

Le troisième pilier, Prévoyance individuelle

Il s'agit d'un programme d'épargne de retraite, individuel et facultatif. Pour les travailleurs indépendants, il peut remplacer le deuxième pilier, ou même, suivant les organismes de prévoyance, proposer une protection plus étendue.
Il vous revient de contacter les compagnies d'assurances ou les fondations bancaires offrant ces produits d'épargne et de comparer les offres. Pensez aussi à vérifier si vous pouvez bénéficier d'une prévoyance individuelle via celle de votre conjoint(e).

COMMENT CRÉER SA STRUCTURE ?

››› En ligne !

Si le canton est bien l'échelon administratif au niveau duquel vous déclarez votre entreprise, le secrétariat d'État à l'Économie a créé *www.startbiz.ch*, un service en ligne simplifiant les démarches de création. Ce guichet unique vous permet de centraliser vos différentes inscriptions concernant :

- le registre du commerce, mais uniquement pour les entreprises individuelles (SARL et SA doivent continuer à passer par un notaire ; en revanche, vous trouverez à partir de StartBiz.ch une liste de notaires proposant ce service par voie dématérialisée) ;
- la TVA (voir p. 110) ;
- les assurances AVS, AI et APG ;
- l'assurance accident.

Suivant les renseignements que vous mentionnerez, le site vous indiquera les inscriptions obligatoires ou facultatives, et les administrations à contacter localement.

À titre d'information et pour vous aider à réfléchir à votre projet, vous pouvez simuler plusieurs scénarios directement sur le site.

››› Quel statut juridique ?

L'entreprise individuelle

L'entreprise individuelle est la structure la plus simple à mettre en place et ne requiert pas de capital minimum d'installation, raisons pour lesquelles il s'agit en Suisse de la forme juridique la plus adoptée par les nouveaux entrepreneurs. En outre, elle correspond aux activités liées à la personnalité du chef d'entreprise et ne nécessitant pas une grande mise de fonds. De fait, le nom de l'entreprise individuelle contient obligatoirement le nom de famille de son créateur, éventuellement suivi d'autres mentions. En revanche, le chef d'entreprise peut être poursuivi personnellement et sur ses biens propres en cas de faillite 01.

Vos démarches

L'entreprise individuelle démarre dès lors que vous exercez votre activité professionnelle de façon indépendante et que vous inscrivez votre entreprise auprès du registre du commerce ou de la caisse de compensation cantonale.

01
Si vous êtes marié(e), assurez-vous que votre régime matrimonial est bien celui de la séparation des biens, qui sépare votre patrimoine de celui de votre conjoint(e).

La caisse de compensation cantonale est l'organisme qui valide votre statut d'indépendant en examinant les critères suivants :

- vous travaillez en votre nom propre et à votre compte ;
- vous êtes indépendant dans votre travail et assumez vous-même le risque économique.

Les sociétés de capitaux : SARL et SA

De nombreuses raisons (similaires à celles évoquées pour la France, voir p. 68) peuvent vous amener à créer une société plutôt qu'une entreprise individuelle. En Suisse, la constitution d'une société de capitaux vous permet aussi de bénéficier de la protection de votre raison sociale sur tout le territoire fédéral, en raison de l'inscription obligatoire au registre du commerce.

La société à responsabilité limitée (SARL)

Du fait d'un capital initial exigé d'un montant raisonnable – CHF 20 000 –, les entrepreneurs recourent fréquemment à la forme juridique de la SARL. Concrètement, la notion de « responsabilité limitée » signifie que les risques sont limités aux apports financiers de l'entreprise et que le patrimoine du ou des créateurs ne peut être engagé en cas de faillite (sauf dans le cas de fautes manifestes de gestion, de fraude, etc.). La SARL permet aussi de s'associer facilement. En revanche, elle exige un formalisme de création et de fonctionnement plus important que l'entreprise individuelle, de même que des frais de fondation et de gestion plus élevés.

Comment procéder ?

Préalablement à toute démarche, vous devez, seul ou avec vos futurs associés, choisir la raison sociale de votre société. Le choix de la raison sociale est libre, vous n'avez pas l'obligation d'y mentionner votre nom. Cependant, la mention « SARL » doit obligatoirement y figurer. Vous devez ensuite rédiger les statuts de la société, c'est-à-dire indiquer sa raison sociale, son but et son siège. Les statuts mentionnent également le nombre de parts sociales total et par associé. Les organismes d'aide à la création d'entreprise fournissent des exemples types de statuts.

Une fois vos statuts rédigés, vos éventuels associés et vous formez votre capital social. Il doit donc être au moins égal à CHF 20 000, et peut être constitué en valeurs financières ou, sous condition, en nature (équipement, bien immobilier...). Chaque associé doit partici-

per à hauteur d'au moins une part sociale, pour une valeur minimale de CHF 100. Ce capital est placé en banque, sur un compte dit « de consignation ». En échange de ce dépôt, une déclaration de consignation vous est remise ; les fonds restent bloqués jusqu'à la publication de la création de la société dans le registre du commerce.
L'étape suivante se déroule chez le notaire, auquel vous remettez les différents documents de la future société (statuts, liste des associés, répartition des parts du capital, déclaration de consignation). Il vous délivre un acte notarié avec lequel vous pouvez ensuite procéder à l'inscription de la société auprès du registre du commerce. Dans le même temps, vous demandez votre inscription auprès de l'organe de révision qui vous aura été désigné. Une fois ces démarches effectuées, la banque libère le capital consigné et le verse sur le compte bancaire courant de la SARL. En dernière étape, vous vous enregistrez auprès de l'Administration fédérale des contributions pour la TVA .
Une fois la société créée, c'est le gérant, désigné par l'assemblée des associés, qui en assume la direction et la gestion.

L'ORGANE DE RÉVISION

L'organe de révision est une structure agréée, extérieure et indépendante vis-à-vis de la société. Elle est chargée du contrôle des comptes annuels de cette dernière. Il existe deux types de contrôle : ordinaire ou restreint, suivant la taille de la société.
En principe, les sociétés sont automatiquement soumises à la révision. Mais elles peuvent déroger à ce principe lorsqu'elles emploient moins de dix salariés et que les associés acceptent cette dérogation à l'unanimité.

QUELS COÛTS POUR LA CRÉATION D'UNE ENTREPRISE ?

Le SECO indique sur son site une estimation des frais à engager pour les formalités de création d'une entreprise.
Conseil à la création : entre CHF 0 et 1 000 pour une entreprise individuelle, de CHF 600 à 2 000 pour une SARL, de CHF 1 000 à 4 000 pour une SA.
Rédaction d'actes par un notaire : de CHF 700 à 2 000 pour une SARL, de CHF 800 à 2 500 pour une SA.
Enregistrement au registre du commerce : CHF 120 pour une entreprise individuelle, CHF 600 pour une SARL ou une SA.

La société anonyme (SA)

Comme dans le cas de la SARL, la constitution d'une société anonyme obéit à un formalisme strict : acte authentique notarié, inscription au registre du commerce, statut, dépôt de consignation. En outre, le capital minimal est bien plus élevé : CHF 100 000, dont 20 % au moins doivent être libérés, avec un seuil à CHF 50 000.

En amont, en plus des statuts, le ou les actionnaires de la société anonyme doivent aussi définir le conseil d'administration (qui comptera au moins un membre) et établir la convention qui liera les actionnaires. Ce contrat, librement établi entre eux, définit leurs futures relations au sein de la société : droit et type de vote, constitution de l'assemblée générale, droit de veto, de représentation, obligation d'achat, etc. Le recours à un notaire est conseillé pour éviter tout risque de conflit.

Ce formalisme reste nécessaire et onéreux tout au long de la vie de la société : rapports de gestion, comptabilité, assemblée générale, organisme de révision, etc. Le fonctionnement de la SA est également plus lourd : l'assemblée générale nomme les membres du conseil d'administration, adopte les statuts et approuve le rapport annuel. Le conseil d'administration exerce la direction, détermine l'organisation, nomme les personnes chargées de la gestion, etc. Par ailleurs, l'organe de révision (si les actionnaires n'y ont pas renoncé) contrôle la comptabilité annuelle et soumet son rapport à l'assemblée générale.

Malgré ce formalisme, la SA est en Suisse la forme juridique la plus utilisée avec l'entreprise individuelle. Forme juridique la plus « traditionnelle », elle jouit d'une fiabilité élevée. Par ailleurs, les actionnaires qui collaborent sont considérés comme des salariés et assurés comme tels. Enfin, en cas de vente, la SA permet de céder facilement ses parts.

De façon générale, la constitution d'une SA requiert un accompagnement spécifique en phase de préparation et de création plus poussé que dans le cas de l'entreprise individuelle ou de la SARL.

ÊTRE ACCOMPAGNÉ, TROUVER DES FINANCEMENTS

Contrairement à bien des États qui proposent des subventions pour soutenir la création d'entreprise, la Suisse n'accorde que très peu d'aides directes aux jeunes entreprises. Les mesures de soutien

porteront davantage sur des allègements fiscaux, voire des exonérations pour l'impôt fédéral direct. En outre, ces mesures sont le plus souvent réservées à des entreprises innovantes ou s'implantant dans des zones défavorisées. Et, quoi qu'il en soit, le nombre d'entreprises bénéficiant de ces aménagements reste faible.
Rapprochez-vous néanmoins du service économique de votre canton pour connaître les allègements auxquels vous pourriez avoir droit.

CHÔMAGE ET CRÉATION D'ENTREPRISE

Pendant une période de 90 jours maximum, les demandeurs d'emploi peuvent se consacrer à la préparation d'un projet de création d'entreprise, sans être astreints à la recherche d'emploi, tout en continuant à percevoir leurs indemnités journalières.
Renseignements à prendre auprès de votre conseiller en personnel de l'office régional de placement dont vous dépendez, ou sur *www.espace-emploi.ch*.

En revanche, il existe de nombreux organismes ayant pour objectif le financement des entreprises en phase de création. Caution solidaire, prise de participation, financement d'audit, prêt à taux avantageux, garantie bancaire, microcrédit solidaire… : il vous appartient d'interroger ceux qui, autour de votre lieu d'implantation, peuvent vous proposer les solutions de financement les plus adaptées à votre situation. Quelques-uns de ces organismes s'adressent prioritairement à certains publics de créateurs : jeunes, femmes, créateurs en nouvelles technologies, etc.
Vous trouverez sur le site de l'administration fédérale un répertoire rassemblant un nombre important de ces structures. Cet outil a été conçu par le secrétariat d'État à l'Économie et le Genilem, association ayant pour mission d'accompagner la création de jeunes entreprises innovantes.
www.kmu.admin.ch, rubrique « Adresses », puis « Soutien au financement de PME ».
Vous pouvez aussi retrouver ces organismes de financement en vous adressant au service « économie » de votre canton. À titre d'exemple, celui de Genève propose un panorama des organismes d'aide au démarrage : *https://ge.ch/ecoguichetpmepmi*, rubrique « Nos publications ».

Sur son site, le Genilem propose un autre répertoire, recensant cette fois les organismes ayant vocation à soutenir et accompagner la création d'entreprise : *genilem.ch*.

Vous pouvez également participer aux bourses et concours organisés chaque année par de grandes sociétés, des associations, des fondations, afin de promouvoir et récompenser la création d'entreprise. Prix de l'innovation, de la jeune entreprise… Vous pouvez peut-être remporter l'une de ces bourses !
Consulter le site *www.kmu.admin.ch*, rubrique « Adresses », puis « Prix et récompenses pour PME ».

Enfin, consultez aussi, en page 202, les différentes pistes que nous vous indiquons en matière de soutien financier à la culture.

CE QUE VOUS DEVEZ AUSSI SAVOIR QUAND VOUS DÉMARREZ

Une fois effectuées les formalités et obligations liées à vos statuts juridiques et sociaux, il vous reste plusieurs formalités d'ordre pratique à accomplir.
Ouvrir un compte bancaire professionnel, souscrire à une mutuelle, prendre une assurance professionnelle : ne négligez pas ces étapes qui sécuriseront votre activité sur le long terme.
Enfin, c'est aussi pendant cette phase d'installation que vous pourrez bénéficier de certaines aides financières.

LES AUTRES FORMALITÉS À ACCOMPLIR

LE COMPTE BANCAIRE PROFESSIONNEL

01 Cette démarche est obligatoire en Belgique, en Suisse et au Luxembourg.

En France, dès que vous démarrez votre activité, il est conseillé d'ouvrir un compte bancaire professionnel 01, ou du moins un deuxième compte courant, sur lequel créditer vos recettes. Le compte professionnel est une obligation pour les commerçants, et il est très fortement recommandé pour un indépendant ; si vous tardez à ouvrir un compte professionnel, votre banquier risque de vous interroger sur la provenance des chèques qui affluent sur votre compte privé. Les banques ont en effet non pas le droit, mais l'obligation de vérifier la provenance de l'argent qu'elles voient transiter. Surtout, ce compte vous évitera de confondre chiffre d'affaires et revenus. Lorsque les premières recettes sont créditées sur leur compte, trop nombreux sont les indépendants débutants qui commettent l'erreur de dépenser largement les sommes perçues et se trouvent alors dans l'impossibilité de régler charges sociales et impôts. Par ailleurs, en séparant les dépenses et recettes professionnelles des dépenses privées, vous faciliterez votre gestion comptable. Afin de bien opérer cette distinction et d'utiliser prudemment vos premières rentrées financières, nous vous conseillons donc l'ouverture d'un deuxième compte, en prenant tout simplement rendez-vous avec un conseiller de votre banque ordinaire. Il est plus simple que les deux comptes soient domiciliés dans le même établissement pour faciliter les virements de compte à compte. Mais cela n'est pas une obligation. Vous pouvez aussi ouvrir un deuxième compte « particulier », que vous consacrerez à vos recettes professionnelles, car les tarifs des comptes particuliers sont moins élevés que ceux des professionnels. Néanmoins, les comptes professionnels offrent certains avantages que vous devez connaître pour comparer les deux options.

››› Les avantages du compte professionnel

→ Vous bénéficiez de prêts à des taux bien plus intéressants que pour les particuliers (ex. : crédit auto…).

→ La tarification est plus avantageuse pour les autorisations de découvert (environ deux points de différence par rapport aux particuliers) et les agios moins élevés. Cette facilité de caisse est très appréciable lorsqu'un client tarde à payer.

→ Votre banquier pourra également vous conseiller sur la gestion de votre compte. En le rencontrant régulièrement (ne serait-ce qu'une fois par an, par exemple après votre déclaration fiscale), vous pourrez étudier avec lui les dispositions les plus adaptées à votre situation. Pensez également à étudier les différentes assurances qu'il peut vous proposer ; en tant que travailleur indépendant, il est important de prévoir tout événement vous contraignant à interrompre votre activité.

Cependant, l'argent d'un compte professionnel devant être totalement disponible pour faire face à tout imprévu, il ne peut être placé sur des produits à risque. Dans le cas où vous bénéficieriez de rentrées exceptionnelles que vous souhaiteriez placer, mieux vaudrait alors effectuer un virement sur le compte privé pour profiter des placements réservés aux particuliers.

Comment passer de l'un à l'autre compte ? Quelle démarche choisir pour déterminer votre « revenu » ? Lors de la première année, vous allez en quelque sorte naviguer à vue : soyez très rigoureux, adoptez une gestion parcimonieuse et effectuez vos virements du compte professionnel vers le compte privé au coup par coup, en fonction de vos besoins courants (loyer, courses…). À l'issue de votre première année, une fois réalisé votre premier bilan comptable, vous pourrez déterminer un revenu moyen en divisant par 12 votre revenu net annuel (une fois déduits impôts, dépenses et charges). Vous pourrez alors installer un virement mensuel automatique égal au montant de ce revenu moyen. Bien entendu, vous réajusterez ce virement en fonction de l'évolution de votre activité.

››› Comment choisir une banque ?

Prenez tout d'abord le temps de consulter votre banque, puis deux ou trois autres, et de comparer les avantages qu'elles peuvent vous apporter. Le plus souvent, elles vous proposent des forfaits

01
SACHEZ...
La Scam (Société civile des auteurs multimédias, 01 56 69 58 58) et la SACD (Société des auteurs et compositeurs dramatiques, 01 45 26 49 57) proposent des mutuelles à leurs adhérents.

de services, regroupant comme pour les comptes de particuliers un ensemble d'opérations de gestion courante du compte. À vous de comparer, selon votre activité et votre environnement professionnel, les tarifs des produits et services dont vous aurez le plus besoin : montant de l'autorisation de découvert, taux des agios, tarif des virements vers un compte au sein de la même banque ou d'une autre, assurance des moyens de paiement, accès payant ou non à votre compte sur Internet, fréquence de vos relevés bancaires, etc.

LA MUTUELLE

La mutuelle est une assurance complémentaire maladie à laquelle vous souscrivez volontairement. Vous cotisez chaque mois une somme, s'élevant à quelques dizaines d'euros. En cas de maladie, d'achat de médicaments, de lunettes, etc., la mutuelle complétera, en partie ou intégralement, les remboursements de la Sécurité sociale. Bien que facultative, nous vous conseillons vivement la souscription d'une mutuelle : en cas d'hospitalisation, par exemple, une part importante des frais reste à votre charge et peut très vite atteindre plusieurs milliers d'euros. Pour les soins plus courants, la Sécurité sociale couvre mal certains soins dentaires, en particulier s'ils relèvent de l'esthétique ; enfin, elle ne rembourse pas les lentilles de contact et très mal les lunettes.

››› Comment choisir sa mutuelle ? 01

Comparez deux ou trois organismes avant de vous décider : on trouve sur Internet des sites pouvant établir un comparatif en fonction de votre budget et, surtout, de vos éventuels « points faibles » en matière de santé. (Mais ne vous limitez pas aux seuls organismes recensés, qui peuvent être annonceurs du site !) Certaines mutuelles peuvent vous proposer des formules « à la carte ». D'autres ont passé des conventions avec des hôpitaux, vous permettant de n'avancer aucun frais...

LE SAVIEZ-VOUS ? VOS COTISATIONS DE MUTUELLE ET DE COMPLÉMENTAIRE VIEILLESSE SONT DÉDUCTIBLES DE VOS IMPÔTS !

« La loi Madelin du 11 février 1994 [...] offre la possibilité de déduire du bénéfice imposable – bénéfices non commerciaux (BNC) ou bénéfices industriels et commerciaux (BIC) – les cotisations versées chaque année pour se constituer un complément de retraite par capitalisation ou acquérir des garanties de prévoyance et de complémentaire maladie (mutuelle). » (art. 41)
« Elle offre ainsi l'avantage d'aménager le régime fiscal de la protection sociale des entrepreneurs individuels pour le rapprocher de celui des salariés. Les travailleurs non salariés (TNS) ont désormais la possibilité de déduire de leur bénéfice imposable les cotisations versées à des organismes de retraite, de prévoyance et de frais de santé complémentaires. Cet avantage fiscal permet ainsi d'améliorer votre protection sociale en déduisant les cotisations de vos revenus. » Sachez que les prestations (indemnités journalières...) sont par contre imposables.

S'ASSURER

Généralement, les assurances multirisques sont adaptées à votre activité et couvrent les principaux risques auxquels vous pourriez être exposé, c'est-à-dire ceux liés à votre activité elle-même et à tous vos actes (responsabilité civile, responsabilité civile exploitation), ainsi que les risques pouvant toucher vos locaux ou votre matériel (incendie, vol, dégât des eaux, etc.). Pensez aussi à souscrire une assurance si vous exposez dans une galerie (voir p. 174). Prenez le temps de comparer différents assureurs : quelles cotisations pour quelle couverture ? Quel montant de garantie (montant maximal de remboursement pouvant être versé) ? de franchise ? Votre assureur habituel ou votre banquier peuvent vous proposer des contrats, mais n'hésitez pas à étudier les offres d'autres agences et de courtiers d'assurances.

FINANCES, BESOINS ET RESSOURCES

Aménager correctement votre bureau, faire imprimer une carte de visite soignée et originale, vous équiper, vous rendre chez vos clients, les relancer par téléphone, etc. : lors de votre passage à une activité indépendante, vous devrez réaliser certains investissements, indispensables au professionnel qui démarche de nouveaux clients. Tout cela représente un coût. Vous devez à la fois avoir une idée précise de ce coût et savoir comment le financer.

PRÉPARER VOTRE PLAN DE FINANCEMENT INITIAL

L'argent étant le nerf de la guerre, vous devez faire preuve de vigilance concernant la visibilité et la sécurité financière de votre activité. Cela se prépare dès le démarrage avec un premier document, le plan de financement initial.

Ce plan vous permet de visualiser et de recenser vos besoins financiers pour installer votre entreprise et, en regard, les ressources dont vous pouvez disposer pour y répondre. Ces besoins et ressources portent sur les éléments structurels de votre entreprise, ceux qui vous sont nécessaires pour lui permettre d'exister et qui s'inscrivent dans le long terme. Par la suite, pour son fonctionnement dans la durée, vous devrez établir un compte de résultat prévisionnel (voir p. 133).

Le plan de financement se présente de la façon suivante :

BESOINS DURABLES	RESSOURCES DURABLES
↘ Frais d'établissement ↘ Investissement HT ↘ Besoin en fonds de roulement	↘ Apport personnel ou capital social ↘ Comptes courants d'associés (dans le cas d'une société) ↘ Subvention ou prime ↘ Emprunts (à moyen ou long terme)
Total (montant indiqué TTC)	**Total** (montant indiqué TTC)

Les deux colonnes de ce tableau doivent s'équilibrer. À défaut, vous devez chercher à réduire vos besoins ou augmenter vos ressources. Dans vos frais d'établissement et investissements, indiquez de façon exhaustive les besoins représentant votre équipement, ce qui vous permet de travailler :

↘ équipement informatique ;
↘ logiciels ;
↘ achat d'un local professionnel, versement d'un dépôt ou d'une caution si vous louez ;
↘ frais d'aménagement ;
↘ frais administratifs, frais de consultation comptable.

Toutes les sommes doivent être indiquées en TTC, car, quel que soit votre régime fiscal, vous devrez, que vous récupériez ou non la TVA, l'avancer.

Le besoin en fonds de roulement répond à une définition comptable très précise. Pour parler simplement, disons qu'il représente vos besoins financiers entre le moment où vous démarchez vos clients et commencez à travailler et le moment où vos factures vous seront payées. Dans l'intervalle (que nous vous souhaitons le plus court possible), il vous faudra financer le fonctionnement de l'activité, ainsi que votre propre revenu.
Pour le calculer, vous devez déjà vous projeter en phase d'activité et évaluer votre prix de revient (voir p. 135).
Besoin en fonds de roulement =
travaux en cours (les charges que vous devez avancer pour répondre à une commande)
+ créances clients (les sommes qui seront facturées aux clients, mais qui ne le sont pas encore)

– acomptes clients (les acomptes versés par les clients à la signature des contrats).

Bien entendu, il n'est pas simple d'avoir déjà toutes ces informations et ordres de grandeur alors que vous n'en n'êtes qu'à la phase de préparation de votre activité. Et, il faut être réaliste, il y a fort à parier que vous devrez les réajuster à plusieurs reprises. Cependant, il est important de prendre l'habitude d'avoir en amont la plus grande visibilité financière possible.

Voyons à présent les ressources que vous pouvez mobiliser pour répondre à ces besoins.

AUTOUR DE VOUS

Votre première source de financement provient de votre épargne personnelle : si elle ne représente pas l'intégralité des sommes dont vous aurez besoin, elle vous permet d'inspirer confiance aux tiers que vous pourriez solliciter pour des prêts. Si vous êtes titulaire d'un plan d'épargne en actions (PEA), vous pouvez l'utiliser pour financer votre installation. De la même façon, un plan d'épargne logement (PEL) peut être utilisé pour financer un local mixte habitat-activité professionnelle.
Renseignez-vous également sur les prêts proposés par votre banque. La plupart des établissements bancaires mettent en avant leur accompagnement des jeunes créateurs. Étudiez la concurrence, votre banque habituelle n'est peut-être pas la mieux placée en la matière. Quel que soit l'établissement auprès duquel vous solliciterez votre emprunt, votre plan de financement de l'entreprise devra toujours faire état de vos propres apports financiers. Idéalement, ils devront représenter l'équivalent du prêt demandé.
Considérez qu'il faut convaincre le banquier de la même façon qu'il est nécessaire de convaincre un futur client. Soignez la présentation de votre dossier (dans la forme et dans le fond), et entraînez-vous à le défendre à l'oral.

Vos proches peuvent aussi vous aider financièrement.
↳ Par le biais d'un prêt entre particuliers : rédigez un contrat de prêt que vous ferez enregistrer auprès de votre centre des impôts.

→ Vos parents, (arrière-)grands-parents, oncles et tantes, âgés de moins de 80 ans, peuvent vous faire une donation d'un montant maximal de 31 865 € sans avoir à régler de droits de mutation, dès lors que vous affectez l'intégralité de la somme au financement de votre activité. Attention, cette donation doit être déclarée au centre des impôts dans un délai d'un mois. Le donateur bénéficie d'un abattement fiscal calculé en fonction de son degré de parenté avec vous. Ces dispositions valables en France sont susceptibles d'évoluer. De façon générale, en France, en Belgique, au Luxembourg et en Suisse, les notaires et experts-comptables vous aident à vous repérer dans la législation des donations.

VOS AMIS VOUS FINANCENT : FINANCEMENT PARTICIPATIF, OU *CROWDFUNDING*

Peut-être avez-vous déjà été sollicité pour participer financièrement à la création d'une revue, d'un festival, d'un voyage... Un simple coup d'œil aux plateformes de *crowdfunding* le démontre tout de suite : la variété des projets cherchant des financeurs plus ou moins modestes semble infinie. Pourquoi ne pas l'essayer vous aussi ?
Le principe est relativement simple : vous présentez votre projet de création sur une plateforme, et les investisseurs peuvent y apporter la contribution financière de leur choix, généralement un don, en échange de contreparties que vous déterminez, ou, dans certains cas, un prêt.
Attention, dès le départ, vous devez définir un délai au terme duquel la somme exacte devra être rassemblée. Si cet objectif n'est pas atteint, toutes les contributions seront retournées aux participants. Ces exigences nécessitent que vous réfléchissiez précisément et de façon créative à la manière dont vous présenterez le projet, aux contreparties que vous offrirez, et que vous évaluiez au plus juste (ni trop ni trop peu) les sommes demandées et le délai fixé. Le financement participatif relève davantage d'une démarche « coup de cœur » ou de curiosité que d'une véritable recherche d'investissement. Sans faire l'impasse sur la dimension professionnelle, veillez aussi à présenter votre projet de façon ludique, concrète, en mettant en avant votre personnalité et ce qui vous différenciera de vos confrères.

01
Pour la Belgique, la Suisse et le Luxembourg, nous avons indiqué ces aides dans le chapitre « Ailleurs en Europe ». De façon générale, consultez aussi la partie « Adresses utiles » en fin d'ouvrage.

Lorsque l'objectif est atteint, la plateforme se rémunère par un pourcentage (entre 5 et 10 %) prélevé sur l'ensemble des contributions. Certaines plateformes sont spécialisées dans la création d'entreprise. Citons ainsi *www.mymajorcompany.com, www.kisskissbankbank.com, fr.ulule.com, www.smartangels.fr, www.pret-de-chez-moi.coop, www.financeutile.com,* etc. En cherchant sur Internet, vous accéderez rapidement à de nombreuses plateformes. Choisissez celle qui vous « ressemble » le plus. Ensuite, informez votre réseau personnel, en demandant de relayer largement l'information. Vous vous rendrez ainsi rapidement visible sur la plateforme et, selon l'adage qui veut que l'on ne prête qu'aux riches, vous serez susceptible de mieux attirer l'attention.

Pour en savoir plus sur le financement participatif, consultez le site de l'Autorité des marchés financiers (*www.amf-france.org*, rubrique « Publications »), qui publie deux guides du financement participatif, l'un à destination du grand public, l'autre à destination de porteurs de projets.

LES AIDES POUR DÉMARRER

Le système français d'aide à la création d'entreprise 01 (travailleurs indépendants compris) est assez large et se renouvelle régulièrement : lorsque vous vous lancez, sachez que vous pouvez bénéficier de différents types d'aides, en fonction de votre âge, de votre activité, de son implantation…

- Allocation d'installation : cette allocation, accordée par les Drac aux artistes-auteurs créateurs d'œuvres graphiques et plastiques, est destinée à financer des travaux d'installation ou du matériel de travail (informatique, vidéo, photographique…). Les artistes bénéficiaires sont sélectionnés sur dossier. Plafonnée à 7 500 €, elle couvre au maximum 50 % des dépenses engagées.
- Prêt d'honneur : il s'agit d'un crédit de deux à cinq ans, attribué sans demande de garantie pour la constitution de fonds propres, et dont le montant varie de 3 000 à 15 000 €.
- Le dispositif Nacre (anciennement Eden) propose un parcours qui se compose d'un accompagnement dans le montage de votre projet de travailleur indépendant et d'une aide financière d'un montant de 1 000 à 10 000 € (prêt à taux zéro et sans garantie d'une durée de un à cinq ans) devant être couplée à un prêt bancaire. Bénéficiaires :

les jeunes de moins de 28 ans, les demandeurs d'emploi, indemnisés ou non, les titulaires du RSA. L'aide doit être demandée avant votre immatriculation.

→ Prêt à la création d'entreprise (PCE) : il est destiné à faciliter le financement des petits projets. Il s'agit d'un crédit de 2 000 à 7 000 € sans garantie ni caution personnelle du créateur permettant de financer les frais et dépenses de démarrage de l'activité. La demande s'effectue après l'immatriculation de votre activité.

→ Zones franches urbaines et zones de redynamisation urbaine : les entrepreneurs installant leur activité dans certaines zones urbaines peuvent être exonérés pendant cinq ans de cotisations maladie et maternité. Contactez votre caisse d'assurance maladie pour savoir si votre lieu d'activité est concerné par cette mesure.

→ L'association ADIE propose des microcrédits ou crédits solidaires pour les personnes n'ayant pas accès au crédit bancaire classique (allocataires du RSA, chômeurs, salariés précaires...). Pensez à vous renseigner auprès des plateformes d'initiative locale (PFIL, réseau sur *www.france-initiative.fr*), des boutiques de gestion (*bge.asso.fr*) et des chambres de commerce, qui sont de précieux alliés pour les jeunes créateurs. Vous pourrez y bénéficier d'un accompagnement et d'une information précise sur les aides auxquelles vous avez droit.

CHÔMAGE ET CRÉATION D'ENTREPRISE

En France, pendant la préparation de son projet, tout chômeur indemnisé continue de percevoir ses allocations. Après son immatriculation, le maintien partiel des allocations peut être accordé par Pôle emploi, pendant 15 mois au maximum, en complément des revenus de l'entreprise. En cas d'échec, le demandeur peut se réinscrire à Pôle emploi, pendant une période égale à la durée des droits restants, augmentée de 3 ans.

QUELLE AIDE ?	QUI L'ATTRIBUE ?
Allocation d'installation	**La direction régionale des affaires culturelles (Drac)** Pour les coordonnées, consulter le site *www.culturecommunication.gouv.fr*
Prêt d'honneur	→ **Initiative France** 01 40 61 40 20 et sur *www.initiative-France.fr* → **Réseau Entreprendre** 03 20 66 14 66 et sur *www.reseau-entreprendre.org* → **Association pour le droit à l'initiative économique (ADIE)** 0 800 800 566 et sur *www.adie.org* → **France active,** 01 53 24 26 26 et sur *www.franceactive.org* Mais ce prêt peut aussi être attribué par une association ou une fondation de votre région : les CLEFE (club local d'épargne pour les femmes qui entreprennent), par exemple (*www.racines-clefe.com*).
Dispositifs Nacre	→ **Contactez votre Pôle emploi :** *www.pole-emploi.fr*
Prêt à la création d'entreprise	→ **Banque publique d'investissement, BPI France** *www.bpifrance.fr*
Défi jeunes	→ *www.enviedagir.fr*

↙02

Vos études et vos premières expériences professionnelles vous ont permis de maîtriser votre métier de graphiste ; mais l'exercice d'une activité en indépendant passe également par la maîtrise de la gestion financière et une connaissance solide des notions de droits d'auteur. Ces deux aspects sont fondamentaux pour assurer le développement et la bonne marche de votre activité. Pas d'indépendance sans polyvalence : déjà chef d'entreprise et maître d'œuvre, vous devez également devenir le comptable et le juriste de votre activité.

GESTION DES DROITS ET DES FINANCES

LA FISCALITÉ

Une fois votre statut juridique et social établi, vous devez choisir votre statut fiscal, qui déterminera le régime d'imposition auquel vous serez soumis.

CALCULER ET DÉCLARER SES REVENUS

En vous penchant sur la fiscalité, vous allez sans doute avoir l'impression d'entrer dans un univers d'une complexité décourageante. Pourtant, les mécanismes de base sont assez simples à comprendre ; il vous est tout à fait possible d'assurer correctement votre comptabilité, surtout lors des premières années, où vous pouvez bénéficier d'aides à l'installation et de certaines exonérations, et déclarer vos revenus en micro-BNC. Avec l'augmentation du volume de votre activité, la comptabilité pourra devenir complexe ; c'est alors qu'il deviendra profitable de vous faire aider par un expert-comptable ou par une AGA, qui sauront vous faire bénéficier de mesures fiscales adaptées à votre situation.

LA DÉCLARATION DE REVENUS : LE CHOIX D'UN RÉGIME

Les revenus de travailleur non salarié, chef d'entreprise individuelle ou associé unique d'EURL, de même que les revenus artistiques (vente d'œuvres, notes d'honoraires ou droits d'auteur) doivent être déclarés dans la case des bénéfices non commerciaux (BNC) de votre déclaration de revenus.

Il existe deux régimes d'imposition des BNC, le régime spécial « micro-BNC » et la déclaration contrôlée. Le parcours classique est de démarrer et de rester en micro-BNC pendant un ou deux ans, pour simplifier les démarches administratives, puis de basculer en déclaration contrôlée et paiement de la TVA lorsque votre activité est mieux installée.

La fusion du statut social de l'autoentrepreneur et du statut juridique de la microentreprise accentuera le passage par la microentreprise.

À noter que l'idée d'une limitation dans le temps de ce statut a été écartée lors de la réforme de 2014.

››› Le régime micro-BNC

Le régime micro-BNC est en général adopté par les indépendants dans les premières années de leur activité ; vous pouvez opter de plein droit pour ce régime simplifié si votre BNC est inférieur à 32 900 € HT par an 01. Votre BNC correspond à l'ensemble des recettes réellement perçues au cours de l'année.

Vos obligations comptables sont simplifiées. Vous devez tenir – et être en mesure de mettre à la disposition des impôts – deux documents, avec factures et pièces justificatives :

- un livre-journal tenu par ordre chronologique, donnant le détail journalier de vos recettes professionnelles (leur montant et origine, la nature et les références des pièces justificatives) ;
- un registre récapitulatif annuel présentant le détail de vos achats de biens et services.

Vous devez conserver pendant dix ans toutes les factures et pièces justificatives concernant les achats, ventes et prestations de services que vous réalisez dans l'année, ainsi que vos livres et registres (voir annexe 4, le tableau de conservation des documents).

Vous remplissez le formulaire n° 2042 de déclaration annuelle de revenus, fourni par votre centre des impôts, en indiquant dans la rubrique « Informations générales » votre Siret, l'adresse de votre local professionnel et la nature de votre revenu (BNC).

Vous y faites figurer le montant brut de vos recettes, à la rubrique « Régime spécial revenus non commerciaux professionnels ». Le bénéfice net est calculé par l'administration fiscale, qui applique un abattement forfaitaire. Elle considère que vos charges représentent 34 % de vos recettes et déduit donc 34 % de ce que vous déclarez pour calculer votre revenu net et votre imposition. Ce régime est favorable si vous avez eu moins de charges réelles. Par contre, il exclut la possibilité d'un déficit ; l'abattement minimal est de 305 €.

Avec la réforme de l'autoentrepreneur, le régime microfiscal prévoit désormais un prélèvement automatique et libératoire de l'impôt sur le revenu pour tous les indépendants passant par la phase de la microentreprise.

Concrètement, vous déclarez vos recettes chaque mois ou trimestre. Outre les cotisations sociales (voir p. 37), un pourcentage est automatiquement prélevé pour le paiement de votre impôt sur le revenu.

01
Ce seuil est régulièrement réévalué. Cependant, le plafond de 32 900 € restera en vigueur de 2014 à 2016.

Ce pourcentage est égal à 2,2 % pour les professions déclarant en BNC.
Le régime de la microentreprise n'est pas la seule façon de démarrer son activité, il s'agit d'un statut plus souple pour les créateurs d'entreprises. Vous pouvez d'emblée opter pour le régime de la déclaration contrôlée, plus contraignant, mais qui peut être intéressant, car il permet de déduire les frais professionnels. Des frais professionnels importants signalent que vous investissez dans votre activité. En outre, le régime de la déclaration contrôlée intégrant obligatoirement la TVA, il permet donc aussi de la récupérer.

››› Le régime de la déclaration contrôlée

Ce régime est obligatoire pour les indépendants dont les recettes annuelles dépassent 32 900 € hors taxes ou qui optent pour le paiement de la TVA. Il impose la tenue des documents suivants :
- un livre-journal rédigé par ordre chronologique et détaillant les recettes et les dépenses (lorsque les recettes journalières sont inférieures à 76 €, elles peuvent être comptabilisées globalement en fin de journée, sur justificatif) ;
- un registre des immobilisations et amortissements mentionnant la date d'acquisition des immobilisations, leur nature (matériel, mobilier, local...) et leur prix de revient (achat et frais d'installation, par exemple).

Chaque année, vous déclarez vos revenus en remplissant les documents suivants :
- votre déclaration professionnelle de résultats n° 2035, accompagnée des annexes 2035 A et 2035 B sur lesquelles vous calculez votre bénéfice ;
- votre déclaration personnelle n° 2042 de revenus.

Vous pouvez adopter le régime de la déclaration contrôlée dès le démarrage de votre activité : vos charges seront ainsi calculées de façon réelle, et non sur une base forfaitaire. Si vous optez pour le régime du réel dès votre première année d'activité, signalez-le à votre centre des impôts sur la liasse P0 PL, car les entreprises nouvelles sont systématiquement inscrites en micro-BNC.
Si votre activité professionnelle est déficitaire, ce qui peut arriver la première année, vous êtes autorisé à déduire ce déficit de votre

autre revenu (si vous êtes salarié à temps partiel, par exemple), mais aussi des revenus de votre foyer fiscal, si vous êtes marié. Les services des impôts procéderont à un examen de votre situation pour s'assurer que cette activité artistique est bien exercée à titre professionnel, de façon régulière, constante et dans un but lucratif.

COMMENT CALCULER LE BÉNÉFICE IMPOSABLE ?

Votre bénéfice imposable correspond à la différence entre les recettes que vous avez perçues et vos dépenses professionnelles. Votre bénéfice non commercial ainsi déterminé fait ensuite l'objet d'une majoration de 25 % (sauf si vous faites appel à une AGA ou à un expert-comptable, voir p. 113-114).

COMMENT TENIR VOS COMPTES ?

Côté recettes, vous inscrivez vos différents types de revenus. Vous archivez les factures, notes d'honoraires, cessions de droits d'auteur.
Côté dépenses, vous devez conserver la preuve de vos acquisitions : factures, reçus, tickets de caisse, etc. Vous pouvez, par exemple, constituer un classeur avec 12 pochettes, une pour chaque mois. Vous y conserverez vos preuves de dépenses : à la fin du mois, vous reporterez dans votre livre de comptes les différentes dépenses occasionnées par poste (matières premières, documentation, déplacements, etc.).
Votre revenu net annuel représente la différence entre vos recettes et vos dépenses.

››› Les recettes

Elles proviennent de vos ventes d'œuvres, de vos droits d'auteur versés par des tiers, de cessions de droits patrimoniaux, mais aussi de bourses artistiques, d'allocations de recherche, de certains prix et récompenses, de subventions, de remboursements de frais, d'indemnités journalières et prestations de la Sécurité sociale ou d'assurances, etc.
Seuls les prix littéraires et artistiques décernés depuis au moins trois ans par un jury indépendant et les bourses d'études attribuées sur des critères sociaux sont exonérés d'impôts.
Certaines activités accessoires peuvent entrer dans vos revenus dès lors qu'elles constituent un prolongement logique de votre activité et qu'elles ne sont ni régulières ni constantes. Le revenu tiré de ces activités ne doit pas dépasser un plafond annuel égal à 80 % du seuil

d'affiliation au régime des auteurs, soit, pour l'année 2014-2015, 6 789 € (le seuil d'affiliation étant de 8 487 €).
Par ailleurs, si vous donnez des cours d'arts plastiques, vous devez être payé en salaire et ces sommes déclarées comme telles aux impôts et à l'Urssaf. Elles ne font pas partie de vos revenus d'auteur MdA/Agessa.

››› Les dépenses

Les dépenses professionnelles déductibles sont celles nécessitées par l'exercice de votre activité :

- loyer professionnel ;
- frais d'établissement au début de l'activité ;
- frais de documentation et de formation ;
- achat ou location de matériel ou de mobilier ;
- frais de téléphonie ;
- frais de déplacement ou d'automobile ;
- frais de repas ;
- frais d'assurances, y compris assurances sociales, etc.

Les impôts reconnaissent des dépenses mixtes privées-professionnelles : ainsi, si vous travaillez à domicile, vous pouvez déduire une partie de vos impôts locaux de vos recettes (en particulier la taxe d'habitation, voir p. 110).
Déterminez le pourcentage de la surface de votre logement réservé à l'exercice de votre activité : il faut pour cela que l'aménagement de cette surface la rende impropre à un usage autre que professionnel. C'est ce même pourcentage que vous pourrez appliquer en déduction des différents frais et taxes applicables à votre habitation : loyer et charges, remboursement d'un emprunt immobilier, paiement de l'électricité, du gaz...
De la même façon, vous pouvez affecter une ligne téléphonique à votre activité ou déduire la moitié des frais téléphoniques de votre foyer. Il est également possible, par une estimation du temps d'utilisation, de déterminer le pourcentage professionnel d'usage de votre voiture.

››› L'amortissement

L'amortissement est une notion comptable à connaître, au moins dans les grandes lignes. D'un point de vue fiscal, vous déduisez chaque année de vos recettes une partie du coût d'achat de matériel, de local ou d'outil de travail.

Les impôts considèrent que les biens serviront plusieurs années et qu'ils perdent un peu de leur valeur chaque année. C'est cette valeur que vous déduisez de vos recettes. Il faut pour cela que le bien en question soit destiné durablement à votre activité et qu'il se déprécie par l'usure du temps. En revanche, vous ne pouvez pas déduire dès la première année la totalité de la valeur d'achat du bien. L'administration suit des méthodes de calcul bien rodées : s'il est considéré qu'un bien est amorti en cinq ans, vous pourrez déduire chaque année pendant cinq ans 20 % de sa valeur d'achat (100 / 5 = 20 %) 01.
Le petit matériel n'est pas amortissable si la valeur d'acquisition est inférieure à 500 € HT.
Vous pouvez faire le choix d'amortir vos frais d'établissement, occasionnés lors de votre installation (honoraires d'expert-comptable, de conseiller juridique, frais de prospection, d'impression de supports de communication, etc.) durant les cinq premières années d'activité ou les déduire dès le premier exercice.
Les centres des impôts ne délivrent plus de barème officiel d'usure des biens, mais n'hésitez pas à solliciter leurs agents pour qu'ils vous aident à estimer raisonnablement l'amortissement de vos équipements. Bien entendu, si vous êtes suivi par un expert-comptable ou une AGA, vous obtiendrez de précieux conseils en la matière.
À titre indicatif, le matériel de bureau s'amortit sur trois à cinq ans, une voiture sur quatre à cinq ans, l'équipement informatique sur trois ans, et un logiciel sur un à deux ans.

BARÈME D'IMPOSITION

TRANCHE DE REVENUS	TAUX D'IMPOSITION
Jusqu'à 9 690 €	0 %
De 9 690 € à 26 764 €	14 %
De 26 764 € à 71 754 €	30 %
De 71 754 € à 151 956 €	41 %
Plus de 151 956 €	45 %

Une fois vos revenus déclarés, ils sont soumis au barème progressif de l'impôt sur le revenu. Le barème ci-dessus est celui de l'an-

01
Par exemple, on estime qu'un micro-ordinateur muni de logiciels se périme au bout de trois ans : vous déduirez chaque année 33 % de sa valeur d'achat.

née 2015 (portant sur les revenus de 2014). Chaque taux d'imposition est appliqué à la tranche de revenus lui correspondant.

››› Fiscalité de la SARL

En tant que société, la SARL est soumise à l'impôt sur les sociétés. Actuellement, celui-ci s'élève à :
- 15 % jusqu'à 38 120 € de bénéfice imposable ;
- 33,33 % au-delà.

Cependant, il est possible, dans les cinq premières années de la SARL, d'opter pour le régime fiscal de l'impôt sur le revenu.
Le bénéfice imposable se calcule suivant le régime dit du réel simplifié (jusqu'à 236 000 € HT) ou normal (au-delà). Pour la comptabilité d'une SARL, le recours à un expert-comptable ou à une AGA est vivement conseillé.
Le ou les dirigeants relèvent du régime social des salariés et sont donc soumis à l'impôt sur le revenu.

BELGIQUE : VOS OBLIGATIONS COMPTABLES

Les obligations comptables sont déterminées par votre chiffre d'affaires.

Premier seuil : votre chiffre d'affaires HT est égal ou inférieur à 500 000 €.
Vous pouvez bénéficier d'une comptabilité simplifiée comprenant les trois documents suivants, établis de façon continue et mentionnant précisément la nature et l'origine des opérations :
- un journal financier ;
- un journal des dépenses ;
- un journal des recettes.

Une fois par an, vous établissez un inventaire indiquant vos dettes et vos engagements. Vous devez également établir un compte d'exploitation détaillé reprenant l'ensemble des recettes et des frais, ainsi que les investissements (le matériel amortissable que vous reprenez sur un tableau séparé).

Au-delà de ce seuil, les entreprises sont soumises à d'autres obligations d'une comptabilité plus formalisée, comprenant un ensemble

de journaux et de comptes, la présentation d'un inventaire et la rédaction de comptes annuels abrégés.
Bien avant d'atteindre ce seuil, il est judicieux, en cas de chiffre d'affaires important et de la même façon qu'en France, de faire appel à un expert-comptable pour vous aider à tenir une comptabilité correcte, sincère et vous laisser le temps de vous consacrer à votre activité professionnelle.

››› La fiscalité des entreprises

L'imposition de vos revenus dépend de votre statut juridique.
En entreprise individuelle, vous relevez de l'impôt sur les personnes physiques (IPP), dont le barème est compris entre 25 et 50 % à partir de 6 800 € de revenu annuel.
Jusqu'à 322 500 € de revenu imposable, les sociétés bénéficient d'un taux réduit d'imposition compris entre 24,98 et 35,54 %. Au-delà, le taux « normal » de 33,99 % s'applique.
Si vous réalisez des bénéfices importants, de la même façon que pour la comptabilité, le recours à un expert-comptable vous permettra de définir le seuil de revenu à partir duquel il peut être profitable pour vous de passer en société.

En plus de la TVA que nous abordons p. 110, vous devez également prévoir les taxes suivantes :

- taxe régionale (pour Bruxelles), applicable aux personnes physiques et aux sociétés (89 € en 2014) ;
- taxe sur les surfaces de bureaux (montant variable suivant les communes) ;
- taxe sur les enseignes (apposition de panneaux publicitaires) ;
- précompte immobilier en cas d'achat de bien.

LUXEMBOURG : VOS OBLIGATIONS COMPTABLES

››› En entreprise individuelle

Vous pouvez ne présenter qu'une version simplifiée de vos comptes et n'avez pas l'obligation de les publier. Néanmoins, au-delà d'un chiffre d'affaires de 100 000 € HT, vos obligations rejoignent celles des sociétés en matière de plan comptable normalisé (voir ci-dessous).

››› En SARL / SARLU

Du fait de la création d'une société, vos obligations comptables sont plus formalisées ; vous devez donc produire les éléments suivants :

- le bilan ;
- le compte de profits et pertes ;
- les annexes et un rapport de gestion.

Ces documents seront approuvés par l'assemblée des associés, puis déposés au RCS dans les sept mois suivant la clôture de l'exercice. Cependant, vous pouvez établir un bilan simplifié dans le cadre d'une SARL qui ne dépasse pas un chiffre d'affaires net de 6,25 millions d'euros à la clôture du bilan.

Au-delà de ce seuil, la société serait soumise à la surveillance d'un réviseur d'entreprise.
Depuis 2011, les sociétés doivent suivre le plan comptable normalisé (PCN) et préparer leurs comptes en ligne. Vous trouverez les informations relatives à ce PCN et les formulaires de déclaration sur le site *ecdf.b2g.etat.lu/ecdf*.
Cependant, vous êtes dispensé du PCN si vous faites appel à un comptable.

››› Fiscalité

Entreprises individuelles

Comme votre patrimoine n'est pas séparé de celui de l'entreprise, les revenus de votre activité professionnelle, votre bénéfice commercial, seront soumis à l'impôt sur le revenu des personnes physiques. Le barème de cet impôt est compris entre 8 % pour un revenu annuel au moins égal à 11 265 € et 40 % pour les revenus dépassant 100 000 €.

Par ailleurs, vous êtes soumis aux impôts suivants :

- impôt foncier si vous êtes propriétaire d'un bien bâti ou non bâti ;
- impôt commercial communal si vous dégagez un bénéfice d'exploitation.

Renseignements

Administration des contributions directes, *www.impotsdirects.lu*

Sociétés

Les sociétés sont soumises à l'impôt sur le revenu des collectivités, qui porte sur l'ensemble des revenus réalisés pendant l'année civile. Le montant de cet impôt est de :

- 20 % jusqu'à 15 000 € de revenus ;
- 21 % au-delà de 15 000 € de revenus.

››› Droit d'enregistrement sur les locaux professionnels

Toute entreprise louant un local professionnel doit acquitter un droit d'enregistrement égal à un pourcentage sur la somme cumulée des loyers prévus dans le contrat de bail.
Ce droit est égal à 0,6 % lorsque la durée de bail est inférieure ou égale à neuf ans. S'y ajoute un droit de transcription de 1 % pour tout bail d'une durée supérieure.
Néanmoins, lorsque le loyer est soumis à TVA, ce droit ne peut être supérieur à 12 €.

››› Autres impôts

Les sociétés sont également soumises à l'impôt commercial communal (ICC), voire à l'impôt sur la fortune.
Renseignements à prendre auprès de l'Administration des contributions directes, *www.impotsdirects.lu*.

SUISSE : VOS OBLIGATIONS COMPTABLES

Pour les entreprises en raison individuelle réalisant un chiffre d'affaires annuel inférieur à CHF 500 000, les obligations comptables sont relativement simples :

- journal des recettes et dépenses, établi de façon continue et mentionnant précisément la nature et l'origine des dépenses ;
- état des autres éléments de la fortune de l'entreprise (le patrimoine de l'entreprise).

Au-delà d'un chiffre d'affaires annuel de CHF 500 000 et pour les sociétés (donc SARL et SA), les obligations sont plus strictes et vous devez tenir à jour la comptabilité suivante :

- bilan comptable ;
- compte de résultat ;

↘ annexe, qui complète et précise les informations portées dans les comptes annuels.

Nous n'entrerons pas ici dans le détail de ces documents comptables, car dès lors que le chiffre d'affaires s'accroît, mieux vaut faire appel à un expert ou à une société fiduciaire à même de vous conseiller et de vous éviter toute erreur. Il s'agit surtout de vous libérer du temps et de la disponibilité pour vous concentrer sur votre activité. N'hésitez pas à faire jouer la concurrence et à consulter plusieurs prestataires pour comparer leurs prix et services. Vous pouvez aussi demander à vos confrères le nom des experts auxquels ils ont confié leur comptabilité.

Vous trouverez auprès de la Chambre fiduciaire (*www.treuhand-kammer.ch*) et de la Fiduciaire suisse (*www.treuhandsuisse.ch*) la majorité des experts établis en Suisse.

››› La fiscalité

Pour les entreprises en raison individuelle, il existe trois formes d'impôt direct.

↘ L'impôt fédéral direct : calculé sur le revenu de l'entreprise individuelle et les autres revenus du contribuable, son taux est compris entre 0,15 % (à partir de CHF 17 800) et 11,5 %.

↘ L'impôt cantonal : calculé sur le revenu de l'entreprise et les autres revenus du contribuable à un taux progressif variable suivant les cantons. Un impôt est également prélevé sur la fortune commerciale et privée du contribuable à un taux variable d'un canton à l'autre.

↘ L'impôt communal : calculé sur les revenus et la fortune du contribuable, selon les mêmes bases que l'impôt cantonal et à un taux variable suivant la commune.

Impôt des SA et SARL

Ces sociétés sont également soumises à trois formes d'impôt direct.

↘ L'impôt fédéral direct, calculé au taux fixe de 8,5 % du bénéfice net. Aucun impôt n'est perçu sur les fonds propres.

↘ L'impôt cantonal sur le bénéfice, ainsi que l'impôt sur les fonds propres dont les taux varient dans chaque canton.

↘ L'impôt communal sur le bénéfice et les fonds propres à des taux variant suivant les communes.

LES TAXES

EXISTE-T-IL UN STATUT FISCAL DE L'ARTISTE ?

Il n'existe pas de statut fiscal des artistes, mais certaines dispositions fiscales leur sont réservées en matière de TVA, de taxe professionnelle ou d'impôt sur le revenu. Votre interlocuteur sur ce sujet est le centre des impôts de votre domicile. C'est lui qui vous renseignera de manière exhaustive. Ici, nous abordons seulement les notions que tout indépendant se doit de connaître.

Fiscalement parlant, qu'est-ce qu'un artiste ?
« Peut être considéré comme artiste ne vendant que le produit de son art celui qui exécute des œuvres dues à sa conception personnelle, soit seul, soit avec les concours limités indispensables à l'exercice de son art. » 01

Vendre ses propres créations entre dans les activités de l'artiste. Vendre l'œuvre d'autres artistes est une activité commerciale.
Le Code général des impôts (annexe III, art. 98 A) donne une définition précise de ce qu'il faut entendre par « œuvre d'art ». Sachez simplement que votre activité de graphiste entre dans le cadre de cette définition, mais qu'elle impose certaines conditions. La réalisation d'un dessin industriel, la fabrication en série ou l'exécution ne relèvent pas de la création et ne sont pas imposées de la même manière. Le propre de l'œuvre d'art est de porter l'empreinte de la personnalité de son auteur. L'exécution d'une œuvre par simple procédé technique ne fait pas d'elle une œuvre d'art. Par exemple, la conception d'un objet par un designer est un acte de création artistique ; la reproduction en série de ce même objet n'est pas un procédé artistique, mais une activité technique.

01
Code général des impôts, article 1460. Instruction du 30 décembre 1975. Source : Cnap.

L'ART VU PAR L'ADMINISTRATION FISCALE

Annexe III, article 98 A du Code général des impôts
« II. Sont considérées comme œuvres d'art les réalisations ci-après :
1° Tableaux, collages et tableautins similaires, peintures et dessins, entièrement exécutés à la main par l'artiste, à l'exclusion des dessins d'architectes, d'ingénieurs et autres dessins industriels, commerciaux, topographiques ou similaires, des articles manufacturés décorés à la main, des toiles peintes pour décors de théâtre, fonds d'ateliers ou usages analogues. 2° Gravures, estampes et lithographies originales tirées en nombre limité directement en noir ou en couleurs, d'une ou plusieurs planches entièrement exécutées à la main par l'artiste, quelle que soit la technique ou la matière employée, à l'exception de tout procédé mécanique ou photomécanique. 3° À l'exclusion des articles de bijouterie, d'orfèvrerie et de joaillerie, productions originales de l'art statuaire ou de la sculpture en toutes matières dès lors que les productions sont exécutées entièrement par l'artiste ; fontes de sculpture à tirage limité à huit exemplaires et contrôlé par l'artiste ou ses ayants droit [...] 7° Photographies prises par l'artiste, tirées par lui ou sous son contrôle, signées et numérotées dans la limite de trente exemplaires, tous formats et supports confondus. »

Qu'en est-il des œuvres de création numérique ? Le site du Cnap donne un extrait de jugement (CA Nancy, 2e chambre, 26 octobre 1995) stipulant qu'un graphiste doit être considéré comme créant des dessins originaux, même sur ordinateur, « cet outil ne constituant qu'un substitut informatique des techniques traditionnelles de dessin qui laisse sa place à l'inspiration artistique et à la dextérité manuelle de l'utilisateur ».

AMÉNAGEMENTS FISCAUX APPLICABLES AUX ARTISTES

Les artistes-auteurs peuvent bénéficier de mesures spécifiques concernant la taxe d'habitation, la taxe professionnelle et la TVA. Cependant, si les dispositions sur la TVA sont bien reconnues par les services des impôts, sachez que celles portant sur la taxe d'habitation, et surtout la taxe professionnelle, sont à l'origine de nombreux litiges entre l'administration fiscale et les graphistes. Sur ces points précis, n'hésitez pas à vous faire aider par un expert-comptable, votre AGA, et surtout l'association de la Maison des artistes, l'Agessa ou des associations professionnelles comme l'AFD (voir p. 198, « Adresses utiles »), qui vous aideront à monter votre dossier.

››› Taxe d'habitation

La taxe d'habitation est normalement due par les occupants (particuliers ou entreprises) d'un local. Les ateliers d'artistes en sont exemptés lorsqu'ils sont distincts du domicile. Si vous travaillez à domicile, vous ne payez la taxe que sur votre partie « domicile ». Il faut pour cela que votre local professionnel soit bien distinct de votre habitation : aménagements le rendant inadapté à l'habitation, entrée distincte, etc. Si vous n'avez pas le statut d'artiste-auteur, vous devez vous acquitter de cette taxe, qui relève de votre commune ou de votre communauté de communes.

››› Contribution foncière des entreprises

La contribution foncière des entreprises (CFE) a été instituée en 2010 en remplacement de la taxe professionnelle. Elle est perçue par la commune dans laquelle vous exercez votre activité. En tant que graphiste en régime artiste-auteur, vous êtes exonéré de cette taxe, ainsi que l'indique l'article 1460 du Code des impôts :

« Sont exonérés de la cotisation foncière des entreprises :
[...]
2° les peintres, sculpteurs, graveurs et dessinateurs considérés comme artistes et ne vendant que le produit de leur art ;
2° bis les photographes auteurs, pour leur activité relative à la réalisation de prises de vues et à la cession de leurs œuvres d'art au sens de l'article 278 septies ou de droits mentionnés au g de l'article 279 et portant sur leurs œuvres photographiques ;
3° les auteurs et compositeurs [...] »

Sous certaines conditions, les Scop sont également exonérées de la CFE. Par ailleurs, si vous relevez de la microentreprise, vous êtes exonéré de la CFE pendant la première année de votre activité (l'exonération était de trois ans avant 2014).

LA TVA

››› Qu'est-ce que la TVA ?

La taxe sur la valeur ajoutée est un impôt indirect sur la consommation de biens ou de services. Cet impôt n'est payé que par le consommateur final. Les entreprises qui achètent, revendent ou transforment un produit quelconque collectent la TVA et la reversent aux impôts. Elles servent ainsi de relais à l'administration fiscale.

01 Le seuil sera désormais révisé chaque année.

Le taux normal de TVA est de 20 %.
Les artistes-auteurs sont assujettis au taux réduit de 10 %. Le prix net de vos créations et cessions de droits doit donc être majoré de 10 %. Vos prestations de services (exécution, suivi de fabrication, conseil, etc.) sont à facturer au taux normal de 20 %. Étant donné votre statut d'artiste-auteur, valorisez toujours davantage l'aspect créatif (TVA à 10 %) de votre travail par rapport aux travaux d'exécution (à 20 %) sur vos devis et factures.

››› Quel est le principe de la TVA ?

→ Lorsqu'un travailleur indépendant (ou une entreprise) facture la vente d'un bien ou la prestation d'un service, il mentionne sur la facture un montant hors taxes (HT), auquel il ajoute la TVA.
→ Lorsqu'il achète un bien ou un service, il règle à ses fournisseurs un montant toutes taxes comprises (TTC).
→ Il déduit ensuite la TVA qu'il a versée à ses fournisseurs de celle qu'il a perçue de ses clients. La différence fait l'objet d'une déclaration mensuelle ; le règlement correspondant s'effectue auprès du centre des impôts ou via le site Internet des impôts.
Par ailleurs, en tant qu'artiste-auteur, vous bénéficiez d'une mesure fiscale particulière : tant que vos revenus de l'année précédente ne dépassent pas 42 600 € HT 01, vous pouvez être dispensé du paiement de la TVA. Vous indiquez alors sur vos factures la mention « Dispensé du paiement de la TVA en application de l'article 293-B-III du Code général des impôts » (attention, le « III » est important, car il établit la distinction par rapport à la dispense pour cause de micro-BNC).
Si vous dépassez ce montant au cours de l'année, vous pouvez conserver l'exonération jusqu'à la fin de l'année, tant que vous ne dépassez pas 52 400 € HT. En revanche, si vous dépassez également ce seuil de tolérance de 52 400 € HT, vous devenez redevable de la TVA dès le premier jour du mois de dépassement.

››› Pourquoi peut-il être intéressant de payer la TVA ?

Même en cas de revenus inférieurs à 32 900 € (microentreprise) ou à 42 600 € (régime artiste), vous acquitter de la TVA vous permet de la récupérer sur vos achats. Lorsque vos dépenses de matériel ou d'équipement sont importantes, cela peut devenir très intéressant. Le principe est le suivant : vous collectez de la TVA auprès de vos clients et vous en payez sur vos achats. Au moment de faire les comptes, vous enlevez la TVA payée de la TVA collectée. Si vous avez plus de

TVA à déduire que de TVA facturée, les impôts vous remboursent la différence. Si vous êtes artiste-auteur, sachant que vous allez facturer de la TVA à 10 % et que vous paierez de la TVA à 20 %, il y a de fortes chances pour que les impôts vous remboursent de l'argent assez régulièrement, en particulier lors du renouvellement de votre équipement. Un calendrier d'acquisitions judicieusement équilibré, alternant vos dépenses à 20 % et vos remboursements à 10 %, vous permettra ainsi de ne pas être très imposable, en particulier dans les premières années d'activité. C'est non seulement légal, mais extrêmement courant. En revanche, il est important d'être organisé, méthodique, et de conserver des justificatifs de ses achats. Vous manquez de rigueur en la matière ? Sachez que le passage à la TVA coïncide généralement avec le moment où un graphiste commence à travailler avec un expert-comptable.

Taux de TVA en Belgique
Le taux de TVA applicable aux droits d'auteur est de 6 %, avec un régime fiscal avantageux jusqu'à 50 000 €.
Le taux de TVA applicable aux autres prestations est de 21 %. Les déclarations de TVA s'effectuent mensuellement ou trimestriellement suivant votre chiffre d'affaires via l'application Intervat : *finances.belgium.be/fr/E-services/Intervat*.

Taux de TVA au Luxembourg
Le taux de TVA que vous devez appliquer sur vos prestations est de 17 %.
Vous pouvez bénéficier d'une franchise de TVA si le chiffre d'affaires de votre entreprise ne dépasse pas 25 000 €. Cependant, ayez conscience que dans ces conditions, vous ne pourrez pas non plus la récupérer sur vos achats. Rapprochez-vous d'un expert-comptable ou d'un conseiller de la chambre des métiers pour étudier s'il peut être intéressant dans votre situation de vous inscrire de façon facultative à la TVA. Il est obligatoire d'ouvrir un compte bancaire professionnel avant toute inscription à la TVA.
Renseignements et inscription sur *www.aed.public.lu*.

Taux de TVA en Suisse
En Suisse, le taux de TVA est de 8 %. Elle est due sur tous les biens et services, à l'exception de certains secteurs tels que les assurances, les soins médicaux, l'éducation et la culture.

Les entreprises en raison individuelle et les sociétés dont le chiffre d'affaires est inférieur à CHF 100 000 sont dispensées du paiement de la TVA, TVA qu'elles ne peuvent pas, dans ce cas, récupérer.
Une fois par trimestre, les entreprises doivent déclarer à l'Administration fédérale des contributions (AFC) le montant total de TVA qu'elles doivent acquitter. Elles peuvent soustraire de ce montant le montant des impôts qu'elles ont acquittés auparavant.
Renseignements sur la TVA : consulter le site *www.estv.admin.ch*.

LES CONSEILS POUR VOUS SIMPLIFIER LA VIE

LES ASSOCIATIONS DE GESTION AGRÉÉES (AGA)

Les associations de gestion agréées par les impôts (les AGA) sont des organismes qui aident leurs adhérents (professions libérales exerçant en entreprise individuelle ou en société et soumises à l'impôt sur le revenu) à tenir leurs obligations fiscales et comptables. Elles regroupent des comptables supervisés par des inspecteurs des impôts. Y recourir présente des avantages. D'une part, vous ne subissez pas la majoration de 25 % sur votre bénéfice imposable. D'autre part, si vous optez volontairement pour la déclaration contrôlée alors que vous n'atteignez pas le plafond de la micro-BNC, vous bénéficiez d'un crédit d'impôt de 915 €. Pour le prix de l'adhésion, les AGA vous offrent également de nombreux services : formation à la comptabilité, réunions d'information, remise d'un guide, fourniture de modèles d'écriture, assistance téléphonique, aide dans vos démarches fiscales, etc.
Vous vous apercevrez vite qu'il est préférable de consacrer l'essentiel de votre temps à votre activité et de laisser à ces associations le soin de vous assister dans ce domaine si délicat et chronophage.

Sachez cependant que l'association de gestion agréée ne vous décharge pas de votre responsabilité de contribuable. Si les impôts détectent une erreur dans vos comptes et que vous êtes passible d'un redressement, c'est vous qui serez mis en cause. C'est l'une des principales différences entre les associations de gestion et les experts-comptables.
Pour trouver une AGA près de chez vous, contactez votre centre des impôts ou consultez le site de la Fédération nationale des associations de gestion agréées (*www.fnaga.com*) ou de l'Union nationale des associations agréées (*www.unasa.org*) 01.
Conférence des associations régionales agréées de l'Union des professions libérales : *www.arapl.org*.

TRAVAILLER AVEC UN EXPERT-COMPTABLE

L'engagement des experts-comptables va plus loin que celui des AGA. L'association de gestion vous aide à présenter correctement vos dossiers aux services des impôts. L'expert-comptable, lui, établit une déclaration fiscale selon les informations que vous lui aurez fournies et vous offre surtout un suivi personnalisé. Il vous conseille, étudie votre situation et peut vous aider à économiser de l'argent, par exemple en gérant vos achats en fonction de la TVA. L'intervention d'un expert-comptable se facture sous forme d'honoraires, au temps passé. Certains cabinets ont une clientèle spécialisée (commerçants, artisans, professions libérales...). N'hésitez pas à en contacter plusieurs pour évaluer leurs tarifs avant d'arrêter votre choix. Ce service peut vous sembler très onéreux dans les premiers temps, mais il représente un bon investissement. Les experts-comptables qui le souhaitent peuvent passer une convention avec les services des impôts. Leurs clients bénéficient alors des mêmes avantages que ceux des AGA. Prenez en compte cet élément dans votre choix d'un expert-comptable.
Renseignements à prendre sur le site *www.aed.public.lu*.

Pour trouver un expert-comptable, consultez le site de l'Ordre des experts-comptables : *www.experts-comptables.com*.

01
ARTAGA
Association de gestion agréée des créateurs en arts graphiques et plastiques
8-10, rue de l'Étoile
75854 Paris Cedex 17
Tél. : 01 55 37 20 35
www.artaga.fr

SALAIRES OU HONORAIRES ?

Certains clients peuvent vous demander si vous voulez être rémunéré en honoraires ou en salaire via un CDD englobant un forfait d'heures de travail. La question se pose parfois de manière tout à fait légitime, quand le travail demandé se situe sur une frontière floue entre la création et l'exécution.
Il est vrai que les salaires ouvrent des droits au chômage plus intéressants, par exemple. En période difficile, cette solution peut être tentante. Mais, dans la mesure où vous avez fait le choix de travailler en indépendant, nous vous engageons à privilégier au maximum les notes d'honoraires et à développer ainsi votre activité.

À retenir : un employeur ne paie pas de charges sur une note d'honoraires. Si vous avez opté pour une rémunération en salaire et que, au dernier moment, il vous demande d'accepter des honoraires, vous pouvez lui demander que cette rémunération soit revue à la hausse.

››› Cumuler plusieurs activités

Vous pouvez cumuler une activité de création artistique rémunérée avec d'autres, salariées ou non, comme l'enseignement. Dans ce cas, vous devez cotiser au régime de sécurité sociale des auteurs, MdA ou Agessa, à hauteur de ce que vous rapportent vos œuvres, et cotiser à l'autre régime vous concernant. En pratique, si vous êtes salarié, vous n'avez à vous occuper de rien pour ce second régime : les services du personnel de votre employeur se chargent de toutes les déclarations sociales. Côté impôts, vous déclarez vos revenus artistiques dans la case des « bénéfices non commerciaux » et les salaires dans la case des « revenus des personnes physiques ».

ÉTALER SES IMPÔTS

Un changement de vie, un client important qui disparaît... Il peut arriver que vous rencontriez des difficultés entraînant une baisse de revenus. Lorsque cette baisse atteint 30 %, les services des impôts prévoient la possibilité d'étaler vos paiements (attention : le total reste inchangé, astreignez-vous à une gestion rigoureuse !). Contactez votre centre pour déposer votre demande.

LES DROITS D'AUTEUR

L'exercice d'une activité d'artiste implique de maîtriser les bases de la législation relative aux droits d'auteur. Au quotidien, cette législation agit directement sur votre rémunération, l'exploitation et la protection de vos œuvres… et donc sur la protection de votre métier. Il est important d'en connaître les aspects principaux : ils constitueront le fondement de vos échanges avec vos clients.

DES DROITS, MAIS LESQUELS EXACTEMENT ?

En tant qu'artiste-auteur, créateur, vous devez maîtriser les différentes notions juridiques regroupées sous le terme « droit d'auteur ». L'expression « droit d'auteur » est la dénomination usuelle de la « propriété littéraire et artistique », définie par le Code de la propriété intellectuelle (art. L. 121 et suivant du Code de la propriété intellectuelle).

Le droit d'auteur recouvre deux acceptions :

- il s'agit avant tout d'un droit de propriété sur l'œuvre, du seul fait de sa création ;
- de façon plus concrète, il désigne également les rémunérations que reçoit l'auteur. Concernant les plasticiens inscrits comme artistes-auteurs, il s'agit de l'une de vos principales sources de revenus.

Le droit d'auteur protège les œuvres de l'esprit, à condition qu'elles soient matérialisées sous une forme quelconque et qu'elles soient originales. Il n'y a aucune formalité à remplir, rien à déclarer (à moins que vous ne souhaitiez vous prémunir contre le plagiat en déposant votre œuvre, voir p. 122). Vous avez travaillé, produit une œuvre, elle est à vous et vous avez des droits sur elle.

Pour tirer profit de cette création, vous allez devoir négocier vos droits d'auteur ; le Code de la propriété intellectuelle a été créé pour encadrer et réglementer ces négociations nécessaires à la diffusion de votre œuvre par un tiers. La propriété intellectuelle recouvre deux types de droits : les droits moraux, incessibles, et les droits patrimoniaux, qui permettent l'exploitation de l'œuvre.

QUE PROTÈGE LE DROIT D'AUTEUR ?

Article L. 112-1

« Les dispositions du présent code protègent les droits des auteurs sur toutes les œuvres de l'esprit, quels qu'en soient le genre, la forme d'expression, le mérite ou la destination. »

Article L. 112-2

« Sont considérés notamment comme œuvres de l'esprit au sens du présent code :

1° les livres, brochures et autres écrits littéraires, artistiques et scientifiques ;
[...]
6° les œuvres cinématographiques et autres œuvres consistant dans des séquences animées d'images, sonorisées ou non, dénommées ensemble œuvres audiovisuelles ;
7° les œuvres de dessin, de peinture, d'architecture, de sculpture, de gravure, de lithographie ;
8° les œuvres graphiques et typographiques ;
9° les œuvres photographiques et celles réalisées à l'aide de techniques analogues à la photographie ;
10° les œuvres des arts appliqués. »

À QUI CÉDEZ-VOUS VOS DROITS ?

« Le contrat d'édition est le contrat par lequel l'auteur d'une œuvre de l'esprit ou ses ayants droit cèdent à des conditions déterminées à une personne appelée éditeur le droit de fabriquer ou de faire fabriquer en nombre des exemplaires de l'œuvre, à charge pour elle d'en assurer la publication et la diffusion. » 01

Pour le Code de la sécurité sociale, sont diffuseurs les personnes physiques ou morales qui procèdent à titre principal ou accessoire à la diffusion ou à l'exploitation commerciale d'œuvres d'artistes, vivants ou morts, auteurs d'œuvres graphiques et plastiques et d'œuvres tombées dans le domaine public.

Nous retiendrons ici le terme de diffuseur, de cessionnaire ou de client pour désigner toute personne morale ou physique utilisant ou faisant l'acquisition de vos œuvres ; le droit d'auteur s'applique quelle que soit la qualité de la personne qui acquiert les droits de l'auteur.

01
Code de la propriété intellectuelle, article L. 132-1.

02
Code de la propriété intellectuelle, article L. 122-3.

LES DROITS PATRIMONIAUX

Ce sont les droits liés à l'exploitation et à la diffusion de l'œuvre. Attention, l'expression « céder ses droits » ne signifie pas abandonner ses droits sur l'œuvre que vous avez produite, mais, bien au contraire, autoriser, contre rémunération, un tiers à utiliser ou à diffuser votre œuvre. Le droit de la propriété encadre les conditions dans lesquelles cette cession s'effectuera ; à vous d'en négocier les termes avec votre cessionnaire.

››› Le droit de reproduction

Il porte sur la fixation matérielle de l'œuvre par tout procédé permettant de la communiquer au public de manière indirecte, du moulage en plâtre à la diffusion numérique, en passant par l'imprimerie. (*« Elle peut s'effectuer notamment par imprimerie, dessin, gravure, photographie, moulage et tout procédé des arts graphiques et plastiques, enregistrement mécanique, cinématographique ou magnétique. »* 02) Concrètement, c'est ce droit que vous vendez à l'éditeur de votre choix. Dans votre contrat, il apparaît sous le terme de « cession de droits ». L'éditeur vous rémunère ensuite par un pourcentage sur les ventes. On peut également envisager une rémunération forfaitaire, quand le calcul d'un pourcentage est impossible ou trop aléatoire.

L'usage est de considérer comme œuvres originales huit exemplaires numérotés et signés et quatre épreuves hors commerce réservées à l'artiste (30 tirages pour la photographie). Ce qui vient ensuite relève de la reproduction. Fiscalement, ce point est très important. Si vous décidez de reproduire vous-même vos œuvres et de les vendre au public, au-delà de ce tirage limité, vous n'agissez plus en tant qu'artiste et vous devez payer un certain nombre de taxes dont les artistes sont exonérés.

››› Le droit de représentation

Il s'agit de la communication de l'œuvre au public par des procédés tels que, entre autres, « [...] la présentation publique, projection publique, transmission dans un lieu public de l'œuvre télédiffusée ». Soit, concrètement, l'exposition d'œuvres plastiques, la transmission via Internet, la télévision, les smartphones, etc. La cession des droits de reproduction n'implique pas forcément celle des droits de représentation, bien que de nombreux contrats lient ces deux droits. Vous êtes tout à fait fondé à ne céder que l'un ou l'autre de ces droits. Pour les illustrateurs, par exemple, vous pouvez n'accepter que la version imprimée de vos illustrations, et négocier séparément leur adaptation sous forme de dessins animés pour la télévision.

››› Le droit de suite

Le droit de suite consiste en un pourcentage que l'auteur d'une œuvre plastique ou graphique perçoit sur les reventes successives de cette création lorsque la vente ou l'achat est effectué par un professionnel du marché de l'art. Ainsi, si l'une de vos œuvres change plusieurs fois de propriétaire, vous toucherez un pourcentage sur chaque transaction.

Au sein de l'Union européenne, le prix minimal à partir duquel les œuvres sont soumises à droit de suite ne peut être supérieur à 3 000 €. Il est de :
- 750 € HT en France ;
- 2 000 € HT en Belgique ;
- 3 000 € HT au Luxembourg.

À ce jour, il n'existe pas de droit de suite en Suisse. Pas encore ? La question fait débat.
Une dérogation prévoit néanmoins que le droit de suite ne s'applique pas lorsque le vendeur a acquis l'œuvre directement auprès de l'auteur et que le prix de vente ne dépasse pas 10 000 € HT.

Le pourcentage sur la transaction est acquitté par le vendeur. Il s'élève à 4 % jusqu'à 50 000 € ; 3 % jusqu'à 200 000 € ; 1 % jusqu'à 350 000 € ; 0,05 % jusqu'à 500 000 € ; 0,25 % au-delà de 500 000 €. Le droit de suite est plafonné à 12 500 €.

LE DROIT MORAL

Tout auteur conserve sur son œuvre un droit moral qui lui donne droit au respect de son nom, de sa qualité et de son œuvre. Ce droit ne peut être cédé. Il est perpétuel et reste en vigueur même lorsque l'œuvre est tombée dans le domaine public.

Le droit moral se subdivise en quatre autres droits.

››› Le droit de divulgation

L'auteur est seul à pouvoir décider si son œuvre sera divulguée (c'est-à-dire communiquée pour la première fois au public), et si oui, à quel moment et de quelle façon. Nul ne peut obliger un créateur à communiquer son œuvre au public.
Ce droit est renforcé par l'interdiction d'obtenir d'un auteur l'engagement de céder des œuvres non encore réalisées. Chaque contrat de cession de droit ne peut porter que sur une œuvre déjà créée ou en cours de création. Seule exception, l'édition littéraire : les éditeurs peuvent obtenir de l'auteur un droit de préférence pour l'édition de ses œuvres futures de « genres nettement déterminés ». Cette disposition, limitée à cinq ouvrages, vous concerne si vous êtes illustrateur et que votre éditeur souhaite s'assurer de votre collaboration pour une série de livres.

››› Le droit à la paternité (ou droit au nom)

Il garantit que votre nom sera apposé sur toute reproduction de l'œuvre (sauf anonymat ou pseudonyme).

››› Le droit au respect de l'œuvre

Il implique le maintien de l'intégrité de l'œuvre, le respect de son esprit. Les photographies de banques d'images, par exemple, bien que « libres de droit », doivent tout autant être respectées et ne peuvent être utilisées dans un contexte qui les dénigre.

››› Le droit de repentir ou de retrait

Il vous permet, même après une exploitation publique de vos travaux, de vous rétracter et de les retirer du marché. Mais il vous faudrait indemniser le cessionnaire du préjudice subi. Ce droit reste donc assez théorique... Par ailleurs, les auteurs de logiciels ne peuvent faire valoir ce droit, pas plus qu'ils ne peuvent s'opposer à l'adaptation du logiciel.

COMBIEN DE TEMPS LE DROIT D'AUTEUR S'EXERCE-T-IL ?

Nous l'avons vu, le droit moral est perpétuel.
Au sein de l'Union européenne et en Suisse, les droits patrimoniaux sont exercés par l'auteur jusqu'à son décès et, par la suite, durant soixante-dix ans par ses héritiers. Les périodes de guerre prorogent ce délai. À l'expiration de ce délai, l'œuvre tombe dans le domaine public. Si vous souhaitez reprendre des éléments d'une autre œuvre pour vos propres créations, vous n'avez pas d'autorisation à demander si l'auteur est mort depuis plus de soixante-dix ans. Dans le cas contraire, il vous faut vous adresser aux ayant droits de l'auteur.

COMMENT PROTÉGER SES ŒUVRES ET SES DROITS D'AUTEUR ?

Comme tout environnement professionnel, celui de la création prévoit certaines dispositions permettant de se prémunir contre les abus, vols et détournements. Bien que (ou justement parce que) les relations entre les auteurs et leurs interlocuteurs soient souvent fondées sur l'affectivité et la subjectivité, de nombreux litiges peuvent advenir. Le détournement d'idée et la contrefaçon ne sont pas les moindres d'entre eux ; sachez les prévenir ou vous défendre si cela vous arrive.

DÉPOSER SES ŒUVRES

Si vous craignez d'être spolié, il existe des moyens assez simples de protéger vos idées et vos créations et de faire établir de façon certaine votre paternité sur l'œuvre que vous confiez à un diffuseur. Vous pouvez ainsi déposer votre œuvre.
Ce dépôt s'effectue auprès de sociétés d'auteurs ou d'organismes spécialisés dans la protection des œuvres relevant de la propriété

intellectuelle ou industrielle. Au cas par cas, ces organismes vous indiqueront quelle nature d'œuvre ils sont habilités à protéger. Consultez leur site Internet pour connaître les tarifs et la durée de validité des dépôts.

››› En France

- La Société civile des auteurs multimédias (SCAM) : l'Association Vélasquez / Scam prend en dépôt les œuvres et projets des auteurs de l'audiovisuel, de la radio, des arts numériques, d'images fixes. *www.scam.fr*
- L'Institut national de la propriété industrielle (INPI) prend en dépôt dessins, marques et modèles. Vous pouvez aussi lui adresser une enveloppe Soleau pour déposer une idée de création artistique. *www.inpi.fr*
- La Société des gens de lettres (SGDL) prend en dépôt les textes littéraires, les photographies et le listage de logiciels. *www.sgdl.org*
- L'Agence pour la protection des programmes (APP) prend en dépôt les œuvres numériques, les logiciels, les sites web et les données multimédias. *www.app.asso.fr*

››› En Belgique

- Regroupées au sein de la Maison des auteurs (voir p. 198, « Adresses utiles »), la Scam, la Société des auteurs et compositeurs dramatiques (SACD, auteurs du spectacle vivant et de l'audiovisuel) et la Sofam (auteurs en arts visuels : photographes, peintres, sculpteurs, vidéastes, architectes, graphistes, designers, webdesigners, stylistes) ont développé e-dpo, un outil de dépôt en ligne pour les auteurs relevant de ces différentes sociétés. *www.e-dpo.com*
- La Société belge des auteurs, compositeurs et éditeurs (Sabam) possède également un département arts graphiques et visuels. *www.depotonline.eu*
- L'OBPI, voir ci-dessous.

››› Au Luxembourg

- L'Office Benelux de la propriété intellectuelle (OBPI) est l'organisme chargé de l'enregistrement des marques et modèles au Benelux. Il offre en outre la possibilité de protéger des idées, concepts et prototypes. *www.boip.int*
- La Scam-SACD du Luxembourg renvoie vers celle de Belgique.

››› **En Suisse**

→ L'Institut fédéral de la propriété intellectuelle (IPI) est l'autorité officielle fédérale d'enregistrement des brevets, marques et designs. *www.ige.ch*

→ Suissimage gère certains films et œuvres audiovisuelles. Elle propose un service gratuit de dépôt de scénarios. *www.suissimage.ch*

De cette façon, vous pourrez établir officiellement la paternité et l'antériorité de votre idée et de sa matérialisation.
Autre possibilité : adresser un descriptif de votre œuvre à un huissier ou à un notaire, qui, contre une somme de 150 € environ, en conservera le dépôt. Plus simple et moins onéreux, vous pouvez également adresser à vous-même ou à des amis une enveloppe avec accusé de réception, le cachet de la poste faisant foi et prouvant l'antériorité de votre idée. Évidemment, il ne faut pas ouvrir l'enveloppe, sinon tout est à recommencer. Cependant, ce procédé ne suffit pas à lui seul à prouver la paternité d'une œuvre.

S'ASSURER DU RESPECT DE SES DROITS : CIRCONSCRIRE LA CESSION

La cession des droits d'exploitation doit faire l'objet d'une véritable négociation et surtout d'un examen attentif de chacun des termes qui la déterminent.
Le contrat doit ainsi mentionner clairement la nature des droits qui sont cédés, ainsi que l'étendue de la cession, sa destination (l'usage qui en sera fait), son lieu et sa durée. Dans le cas de l'édition, les droits d'adaptation audiovisuelle doivent faire l'objet d'un contrat séparé de celui concernant l'impression de l'œuvre.
L'étendue de la cession détermine, notamment, la possibilité de créer ou non des produits dérivés : exercez votre droit de divulgation, veillez à ce que votre œuvre ne soit pas reproduite sur un support dont vous n'auriez pas voulu.

››› **Rémunérer votre cession**

Votre contrat doit prévoir une rémunération en contrepartie de la cession. La règle de base veut que cette rémunération soit proportionnelle aux recettes provenant de la vente de l'œuvre ou de son exploitation ; le contrat détermine le pourcentage que vous allez percevoir sur la vente de chaque exemplaire de votre œuvre. Ce

pourcentage fera l'objet d'une négociation entre vous et le cessionnaire de vos droits.
Malheureusement, la pratique d'un prix forfaitaire est aujourd'hui largement banalisée. Elle se comprend dans le cas d'un logo ou d'une identité visuelle, car les conditions d'exploitation permettent difficilement de déterminer une participation proportionnelle. Mais, dans la mesure du possible, faites prévaloir votre droit d'auteur et ajoutez, au prix de la création, une rémunération proportionnelle à l'utilisation qui en sera faite par le client.

DÉFENDRE VOS DROITS

L'atteinte au droit d'auteur s'appelle la contrefaçon ; il s'agit de la reproduction ou de la représentation illicite de votre œuvre, sans votre accord formel. Le faux est une copie servile de votre œuvre, réalisée, elle aussi, sans votre accord. La contrefaçon et le faux sont des délits sanctionnés en justice, délits pouvant entraîner le versement de dommages et intérêts et la condamnation du responsable.
Si vous pensez avoir été victime d'une contrefaçon, faites constater le délit en vous procurant un exemplaire de l'œuvre litigieuse ou en la photographiant. Muni de ces éléments solides, contactez un avocat, il saura vous conseiller et engager au besoin une procédure de saisie-contrefaçon.
La plainte peut être déposée par l'artiste, l'un de ses ayants droit, un cessionnaire ou une société d'auteurs, si ses statuts le prévoient.
Il faut évidemment être en mesure de prouver l'antériorité et la paternité de votre création. En revanche, il n'est pas nécessaire de prouver que l'auteur de la contrefaçon connaissait votre œuvre. Si la ressemblance est excessive, cela suffit à « constituer le délit », comme disent les juristes.
Mais attention, une inspiration un peu trop visible n'est pas forcément une contrefaçon, et les preuves sont parfois bien délicates à apporter : tout bon plasticien se doit de rester curieux, ouvert et attentif à la création contemporaine, de lire, de fréquenter musées et expositions. Comment distinguer contrefaçon et tendance, comment ne pas être influencé par la déferlante d'images circulant via la presse et Internet, ou par une simple photo entraperçue chez un ami graphiste ?

Sachez également qu'un bon avocat facture ses services quelques centaines d'euros… de l'heure. Et certains procès en contrefaçon peuvent durer des années. Il est donc le plus souvent préférable de rechercher un terrain d'entente hors des tribunaux.

Attention, en particulier, au piratage de vos œuvres sur Internet : si vous contactez directement le responsable d'un site qui vous aurait « piraté », il y a fort à parier que, dans les instants suivant ce premier contact, les preuves du délit éventuel seront effacées du site. Avant toute chose, et si vous estimez sérieusement que votre travail a été contrefait, contactez un huissier qui procédera dans les règles à une capture d'écran et mettra ainsi à l'abri cette preuve irréfutable du délit. À vous d'entamer ensuite une négociation à l'amiable pour réparer le préjudice subi ou de porter plainte.

Le graphiste Pascal Colrat a intenté, en 2001, une action contre Les Verts-Confédération écologiste-Parti écologiste. L'origine du litige remonte à la campagne présidentielle de 1995 : le graphiste est alors contacté par ce parti pour redynamiser son logo, une fleur de tournesol. Pascal Colrat modifie ce logo en incrustant des visages sur les pétales ; ce travail fait l'objet d'un bon de commande et d'un contrat spécifiant que les droits d'utilisation de ce logo sont cédés pour l'année 1995-1996 et pour l'impression de 5 000 affiches. En 2001, lors des élections municipales, Pascal Colrat découvre que son logo a été réutilisé dans un format très réduit et sur des tracts imprimés à plusieurs millions d'exemplaires. Bien entendu, cette nouvelle utilisation n'a fait l'objet d'aucune demande d'autorisation, encore moins d'un nouveau contrat. Une conciliation est tentée, mais l'artiste estime que le dédommagement proposé par Les Verts est dérisoire par rapport au préjudice causé. Un procès a donc lieu ; la procédure dure deux ans, deux ans à l'issue desquels la justice donne raison au graphiste et contraint Les Verts-Confédération écologiste-Parti écologiste à lui verser des dommages et intérêts pour utilisation abusive.

QUELQUES CAS PRATIQUES ISSUS DU DROIT D'AUTEUR

››› La photo d'une œuvre est-elle une autre œuvre ?

A priori, oui. Le photographe est considéré dans ce cas comme l'auteur d'une œuvre dérivée ; il peut donc s'opposer à la reproduction de

ses photographies, même si les clichés représentent tout simplement l'une de vos créations et que vous lui avez demandé de réaliser cette photographie pour les besoins d'un ouvrage ou d'un catalogue consacré à vos œuvres. Cela étant dit, les termes de la prestation peuvent être circonscrits : dans les faits, une bonne photographie de tableau est censée le reproduire le plus fidèlement possible, sans que la personnalité du photographe interfère avec la vôtre. Le photographe ne devra donc faire preuve que de qualités techniques, et non pas artistiques ; dans ce cas, la prise de vue n'est pas un acte de création et ces photographies ne sont pas couvertes par le droit d'auteur.
S'il s'agit d'objets ou d'installations, le photographe est amené à produire un travail portant sur la mise en scène, l'éclairage et la prise de vue. S'il opère sous votre entière direction, il n'est qu'un simple exécutant technique. Sinon, il produit une œuvre.
Dans tous les cas de figure, définissez auparavant la nature de sa prestation et, dans le cas où il ne s'agirait que d'une copie servile, veillez à vous faire remettre les négatifs.

Copie originale et copie servile

Le droit français reconnaît le concept un peu étonnant de « copie originale », protégée par le droit d'auteur. Il désigne une copie dans laquelle s'exprime la personnalité de l'auteur, même si elle emprunte à une œuvre première. On parle alors d'« œuvre dérivée ». Pour prendre un célèbre exemple, Dalí a peint des reproductions à la fois fidèles et très personnelles de tableaux de maîtres classiques, qui sont indubitablement des œuvres originales. Par contre, la loi ne protège pas les copies qui résultent d'un procédé purement mécanique, procédé qui ne laisse aucune place à la personnalité de l'auteur. Il s'agit alors d'une copie « servile ».

››› L'œuvre de commande

C'est une situation très fréquente pour les graphistes et illustrateurs chargés de concevoir un logo, une identité visuelle, des pictogrammes, ou d'illustrer un ouvrage. Nous l'avons vu, le droit d'auteur se subdivise en droits patrimoniaux et en droits moraux.

« L'auteur d'une œuvre de l'esprit jouit sur cette œuvre, du seul fait de sa création, d'un droit de propriété incorporelle exclusif et opposable à tous. Ce droit comporte des attributs d'ordre intellec-

tuel et moral ainsi que des attributs d'ordre patrimonial, qui sont déterminés par les livres I et III du présent code.
L'existence ou la conclusion d'un contrat de louage d'ouvrage ou de service par l'auteur d'une œuvre de l'esprit n'emporte aucune dérogation à la jouissance du droit reconnu par l'alinéa 1er. » 01

Par ailleurs, la cession matérielle et rémunérée d'une œuvre n'implique absolument pas la cession des droits de propriété intellectuelle : cette propriété fait l'objet d'un contrat. Lors de la négociation du contrat et du devis, il vous appartient de définir avec votre client les droits que vous lui cédez, ainsi que leur étendue. Dans le cas d'une identité visuelle, l'usage est de présenter un projet sur support papier. Après acceptation par votre client d'un devis mentionnant formellement la cession des droits d'exploitation, vous lui remettrez le document numérique lui permettant de décliner votre création selon les supports prévus par le contrat. Une facture détaillée par catégorie permettra d'éviter toute ambiguïté.

- Honoraires de création : rémunération contre prestation.
- Cession de l'œuvre : vous vendez à votre client votre œuvre dans sa forme matérielle (planches d'illustrations...).
- Cession des droits : vous cédez vos droits de reproduction, éventuellement ceux de représentation, à votre client.

Si vous cédez vos droits d'exploitation, votre cessionnaire pourra être amené à effectuer en son nom le dépôt de votre œuvre, mais vous en conserverez indéfiniment le droit moral. Vous ne pouvez pas procéder tous les deux parallèlement à un dépôt. Dans le cas particulier d'une œuvre de commande pour la publicité, il est prévu que le contrat entre le producteur et l'auteur entraîne la cession des droits d'exploitation de l'œuvre, toujours selon des modalités clairement définies. À l'inverse des autres contrats, le souhait de l'auteur de ne pas céder ses droits d'exploitation doit faire l'objet d'une clause particulière.

››› Droits d'auteur et salariat

Vous êtes indépendant, mais on vous a proposé un contrat de travail à durée déterminée. Quels sont vos droits sur ce que vous allez créer pendant ces quelques jours ou ces quelques semaines ? Si votre contrat est muet sur ce point, vous avez l'entière jouissance de vos droits d'auteur. Un salarié a en effet des droits d'auteur, comme

01
Article L. 111-1 du Code de la propriété intellectuelle.

02
ŒUVRE COLLECTIVE
L'œuvre collective est créée par une personne bien identifiée (il peut s'agir d'une personne morale comme une entreprise) qui la divulgue sous son nom. Mais elle a plusieurs auteurs dont les contributions se fondent dans l'ensemble. Cette œuvre est la propriété de la personne sous le nom de laquelle elle est divulguée, les droits moraux et patrimoniaux lui reviennent.

un artiste. Par contre, s'il s'agit d'une œuvre collective 02, si votre travail a été dirigé, si vous avez fondu votre apport dans celui d'une équipe, c'est l'entreprise qui possède le droit d'auteur.

››› Participation à un concours

Sachez-le, de trop nombreux concours, souvent organisés par des marques ou des sociétés prestigieuses, s'avèrent tout à fait contraires au droit d'auteur. Fréquemment, des clauses abusives prévoient qu'un projet refusé restera la propriété des organisateurs du concours ou ne pourra être utilisé ultérieurement par son créateur… Quand l'exploitation du projet gagnant ne se fait pas tout simplement sans rémunération de l'auteur ! Lorsque vous participez à un concours, aussi attirant soit-il du fait de sa notoriété, soyez très vigilant sur le règlement et ayez toujours en tête votre droit de créateur pour déjouer ces clauses totalement abusives (voir également en p. 171 le chapitre portant sur les marchés publics).

››› Récupérer ses originaux

Quand vous vendez une œuvre, vous pouvez vendre en même temps l'original, mais ce n'est pas une obligation. Il faut que ce soit spécifié dans le contrat. Si ce n'est pas le cas, on considère que l'original reste votre propriété.
Même s'il n'est pas prévu que vous vendiez votre œuvre à votre diffuseur, vous êtes tenu de lui fournir votre œuvre sous une forme lui permettant de l'exploiter. Vous pouvez donc être amené à lui remettre votre original. Il en sera responsable pendant un an après la fabrication. Pensez donc à lui demander de vous rendre votre original avant l'expiration de ce délai.
Identifiez à votre nom et à votre qualité les documents que vous confiez : rappelez-vous aussi des différentes procédures de dépôt vous permettant de prouver votre paternité sur l'œuvre. Les objets de designers sont difficiles à plagier, mais les documents numériques se copient très facilement. Si vous craignez de rencontrer des difficultés pour récupérer vos originaux, faites signer un reçu à votre éditeur au moment de les lui remettre.

LES SOCIÉTÉS D'AUTEURS

Ce sont des sociétés civiles, chargées de percevoir et de redistribuer les droits des auteurs qui y adhèrent. Elles défendent et représentent leurs membres dans tout type de contentieux portant sur le droit d'auteur. Pour les graphistes et plasticiens, il existe l'ADAGP (Société des auteurs dans les arts graphiques et plastiques), la Saif (Société des auteurs des arts visuels et de l'image fixe) et la Scam (Société civile des auteurs multimédias).

L'ADAGP 01 rassemble auteurs graphiques et plastiques. Elle gère les droits de plus de 80 000 auteurs des arts visuels (peintres, sculpteurs, photographes, illustrateurs, architectes, infographistes...). Elle perçoit et répartit les droits suivants.
→ Droits gérés collectivement : audiovisuel (télédiffusion hertzienne, câble, satellite) ; copie privée numérique ; reprographie ; multimédia.
→ Droits gérés individuellement : droit de reproduction (livres, presse, merchandising, publicité), droit de suite (perçu lors de la revente de l'œuvre).
Elle propose également une banque d'images numérisées de certaines œuvres de ses membres.

La Saif 02 est la Société des auteurs des arts visuels et de l'image fixe : photographes, artistes plasticiens, artistes illustrateurs, dessinateurs, graphistes, designers et architectes. Elle gère leurs droits exploités sous forme d'image fixe. La Saif apporte également une aide juridique à ses membres, participe à l'élaboration des contrats types, agit en justice et veille à la défense des intérêts matériels et moraux des auteurs. Au titre de l'action culturelle, elle intervient pour soutenir la création, développer des actions de formation, assurer la promotion de son répertoire. Elle a également vocation à tenir un rôle d'action sociale de prévoyance et de solidarité au profit de ses membres.

La Scam 03, Société civile des auteurs multimédias, rassemble près de 25 000 réalisateurs, auteurs d'entretiens et de commentaires, écrivains, traducteurs, journalistes, vidéastes, photographes et dessinateurs. Elle les représente auprès du législateur, des producteurs, des éditeurs et des diffuseurs. Elle discute, collecte et répartit leurs droits patrimoniaux, affirme leur droit moral et négocie leurs intérêts futurs.

01
ADAGP
11, rue Berryer
75008 Paris
01 43 59 09 79
www.adagp.fr

02
SAIF
121, rue Vieille-du-Temple
75003 Paris
01 44 61 07 82
www.saif.fr

03
SCAM
5, avenue Vélasquez
75008 Paris
01 56 69 58 58
www.scam.fr

L'Algoa, Association luxembourgeoise de gestion des œuvres audiovisuelles, perçoit et redistribue les royalties issues des retransmissions des œuvres de producteurs indépendants. *www.algoa.lu*

Le Luxorr, Luxembourg Organization for Reproducting Rights, asbl, gère les droits des auteurs et éditeurs d'œuvres littéraires et picturales fixes. *www.luxorr.lu*

Voir également plus haut la Sofam et la Sabam en Belgique.

LA RÉMUNÉRATION

Déterminer le prix de ses prestations est assurément l'un des principaux dilemmes du travailleur indépendant. Évaluer le coût de son travail et le temps nécessaire à sa réalisation, se situer par rapport à la concurrence, s'adapter à des clients différents ne sont pas des réflexes innés, mais des notions qui s'acquièrent au fil de l'expérience et au prix de quelques tâtonnements.
Bien souvent, le travailleur indépendant qui débute essaie de se distinguer par des prix peu élevés et une disponibilité absolue ; ne raisonnez pas à court terme pour vous rendre ainsi indispensable. D'une part, vous contribueriez à « casser » les prix du marché. Votre profession souffre déjà du fait que tout un chacun, équipé d'un logiciel de PAO, d'un appareil photo numérique et maîtrisant les bases de la retouche d'image, pense être capable de « faire du graphisme ». D'autre part, songez à l'évolution future de votre activité : vous ne pourrez pas tenir bien longtemps un rythme harassant pour compenser le fait que vous travaillez pour un tarif horaire proche du Smic, voire à perte. Il vous faut donc apprendre à évaluer le coût de votre travail et être prêt à le défendre face à vos interlocuteurs.

COMMENT FIXER SON PRIX ?

La première étape, qui doit devenir un réflexe, consiste à savoir à partir de quel seuil votre activité est rentable. Il vous faut pour cela vous projeter dans un avenir proche, en évaluant les différents coûts et rentrées de votre activité.

VOS PRÉVISIONS FINANCIÈRES

››› **Le compte de résultat prévisionnel**

Après le plan de financement, le compte de résultat prévisionnel est le second document que vous devez établir pour avoir une visibilité financière de votre métier ; il vous permet de dresser la liste de l'ensemble de vos charges et des différentes recettes que vous comptez percevoir. Ce compte doit être établi pour les trois premiers exercices (années d'activité) et rédigé le plus tôt possible avant le démarrage de votre activité. Il sera ensuite réajusté au cours de vos premiers mois d'activité.

Ce tableau est présenté en page suivante.

CHARGES	RECETTES
Charges d'exploitation ↳ Approvisionnement (matériel, consommables...) ↳ Sous-traitance	**Produits d'exploitation** **Chiffre d'affaires**
Achat de fournitures ↳ Eau, électricité ↳ Fournitures d'entretien ↳ Fournitures administratives ↳ Fournitures diverses	
Charges externes ↳ Loyers et charges locatives ↳ Assurances ↳ Entretien ↳ Documentation	
Autres charges externes ↳ Honoraires, affranchissements ↳ Téléphone, publicité ↳ Frais de transport, divers	
Impôts et taxes	
Salaires et charges sociales	
Dotations aux amortissements	
Charges financières ↳ Intérêts payés, agios	**Produits financiers** ↳ Intérêts encaissés
Charges exceptionnelles Toute dépense imprévue	**Produits exceptionnels** Subventions, aides...
Bénéfice	**Perte**
Total des charges	**Total des recettes**

Tous les montants sont à indiquer HT.

La différence entre les deux colonnes (recettes – charges) vous permet de vérifier que votre activité dégage réellement un bénéfice. Cette étape doit faire l'objet d'une grande attention de votre part ; efforcez-vous de rester au plus près de ce que vous savez de la réalité du métier de graphiste et ne soyez pas démesurément optimiste quant au nombre de contrats que vous pourriez décrocher dans les premiers temps. Vous apprendrez ainsi à maîtriser les premières notions de compte de résultat ; ces notions sont indispensables à tout travailleur indépendant pour assurer la viabilité de son activité et s'adresser à ses clients ou aux banquiers.
Vous avez du mal à y voir clair, à prévoir les éléments de ce tableau ? N'oubliez pas que les experts-comptables et les AGA ont pour fonction de vous aider à vous organiser dans votre gestion au quotidien.

LA FIXATION DE VOTRE PRIX

››› Votre prix de revient

Pour fixer vos tarifs, vous devez connaître votre prix de revient.
Le prix de revient de votre activité correspond à la somme des coûts que vous supportez pour assurer vos prestations. La différence entre votre prix de vente et votre prix de revient détermine votre bénéfice ou vos pertes.
Voici comment le calculer.

- Listez l'ensemble de vos charges annuelles (TTC si vous n'êtes pas assujetti à la TVA, HT si vous y êtes assujetti) : loyer et charges ; abonnements énergie, eau, Internet, téléphone ; fournitures de bureau ; frais de déplacement ; assurances ; impôts et taxes (hors impôt sur le revenu) ; dépenses d'expert-comptable, etc.
- Estimez vos besoins personnels en termes de revenus, en tenant compte des contraintes financières de votre foyer (logement, nourriture, vêtements, vacances, loisirs, etc.).
- Estimez le nombre de jours travaillés pendant l'année. On considère que le nombre de jours travaillés par an s'élève en moyenne à 200-220 jours. Vous devez, en tant qu'indépendant, en déduire le temps nécessaire à votre activité, mais pendant lequel vous ne produisez pas : prospection, gestion administrative et comptable, formation, etc. Dans ce cas, on considère généralement que le temps réel que vous pouvez consacrer à votre activité ne correspond qu'à

60/70 % de ces 200 jours, soit une moyenne de 120 à 140 jours par an environ (ce sera moins au début de votre activité).
→ Répartissez ensuite l'ensemble de vos charges sur le nombre de jours travaillés ; vous calculez ainsi votre prix de revient journalier.
→ À ce prix de revient, ajoutez ensuite une marge commerciale pour déterminer votre prix de vente à la journée.

Par la suite, dans vos devis, négociations et relations clients, conservez toujours en tête ces deux paramètres, prix de revient et prix de vente, pour ne pas vendre à perte.

››› Tenir compte de la concurrence...

En naviguant sur les forums de graphistes, vous vous rendrez compte que la question des tarifs est celle qui tracasse le plus vos confrères et consœurs ! Faites feu de tout bois pour apprendre à vous situer au sein de la profession : consultez les sites et forums, renseignez-vous auprès de vos anciens professeurs d'école et de professionnels installés depuis plus longtemps. Profitez également de vos échecs : si un contrat vous échappe et si la situation s'y prête, demandez au client une idée des tarifs de votre concurrent retenu... étant bien entendu que d'autres paramètres auront aussi pesé dans la balance (adéquation avec le brief, adaptabilité du concept, rapidité, motivation, etc.).
Enfin, votre expérience entre également en ligne de compte. Au fil du temps, sachez déterminer les travaux sur lesquels vous êtes le plus rapide, le plus à l'aise : c'est sur ces postes que vous pourrez augmenter vos tarifs. Si vous concevez de plus en plus rapidement vos logos, si ce travail exige de vous moins d'heures, il est logique que vous augmentiez votre tarif horaire pour conserver, puis augmenter votre rémunération.

››› ... et de vos clients

Enfin, sachez aussi tenir compte du client que vous avez en face de vous. Il ne s'agit pas de facturer « à la tête du client », mais d'évaluer la marge de négociation dont vous disposez.
Peu à peu, vous apprendrez à les situer dans une fourchette de budget. Prenez aussi en compte le fait qu'un client « néophyte » en matière de graphisme vous prendra certainement beaucoup plus de temps qu'un client rompu aux relations avec des créateurs :

hésitations, difficultés à savoir ce dont il a vraiment besoin, retours en arrière...

Par ailleurs, il subsiste encore des différences entre pays et, en France, entre Paris et les régions, et entre petites et grandes villes. De la même façon, il vous faut également tenir compte de la culture graphique et du niveau d'exigence de votre interlocuteur. Le service communication d'un théâtre, souhaitant refondre entièrement sa charte graphique, exigera de vous une réflexion infiniment plus poussée qu'un menuisier ou une petite association sportive désirant simplement se doter d'un logo « direct et efficace ».

Dans le cas d'une association ou d'un petit artisan local, veillez dès le départ à bien circonscrire votre intervention ; il se peut que votre client, peu au fait des pratiques du métier, vous demande au dernier moment de lui trouver l'imprimeur et d'effectuer le suivi d'impression. Faites-lui comprendre qu'il s'agit d'un service en plus qui se facture au temps passé (à vous d'estimer le nombre d'heures).

Prenez également en compte les délais que l'on veut vous imposer. Si un client vous appelle un soir pour vous demander en urgence une charte graphique assortie d'une plaquette de 12 pages « dans deux jours à 9 h », n'hésitez pas à facturer au prix fort une prestation réalisée dans l'urgence... Ici, plus qu'une question de coût, il s'agit surtout de faire respecter le métier de graphiste et le processus de création.

N'oubliez pas non plus le temps que vous ne passerez pas à travailler (et que vous ne pourrez donc facturer), mais qui est indispensable à votre activité : démarchage de nouveaux clients (ce qui signifie aussi déplacements), rendez-vous avec le comptable ou le banquier, achats divers, formations, etc.

Enfin, sachez compter avec vos propres coups de cœur. Dans les premiers temps, certains graphistes acceptent de perdre un peu d'argent pour réaliser des travaux passionnants, qui vont leur permettre d'enrichir leur book et de se faire connaître dans le milieu qui les intéresse. Cependant, ne perdez jamais de vue la rentabilité de votre activité et ne dédaignez pas d'autres propositions davantage rémunératrices qui pourraient vous sembler moins excitantes ; votre créativité trouvera toujours à s'exprimer.

››› Des outils pour vous aider à calculer vos tarifs

L'association Moneydesign, dont l'Alliance française des designers est un des partenaires, a créé et mis en ligne sur *www.calkulator.com* un outil de calcul des tarifs et droits d'auteur du design, proposant également des exemples de devis. Le montant de la souscription est de 75 €, mais quelques exemples de tarifs sont en libre accès. Vous pouvez aussi consulter le barème indicatif publié par l'Union des photographes professionnels et des auteurs sur son site *www.upp.fr*.

Bien que la pratique du forfait soit de plus en plus fréquente, les pourcentages de cession de droit d'auteur doivent faire l'objet d'une négociation supplémentaire. Nous vous proposons ici une base, à titre indicatif, que vous modulerez en fonction de l'importance de la diffusion, de la visibilité de la création, de l'utilisation que le client souhaite en faire dans le temps :

- de 0 à 5 000 exemplaires = 10 % ;
- de 5 001 à 10 000 exemplaires = 18 % à 20 % ;
- de 10 001 à 50 000 exemplaires = 25 % à 30 % ;
- de 50 001 à 100 000 exemplaires = 40 % ;
- plus de 100 000 exemplaires = 60 %.

Si tous ces outils vous fournissent une base des tarifs que vous pouvez appliquer, sachez qu'ils représentent pour la plupart une moyenne. Insistons sur le fait qu'il vous revient de calculer, suivant vos besoins et votre situation, votre propre prix de revient, et de moduler ensuite ces outils en fonction de votre situation : vos années d'expérience, votre situation géographique, les charges liées à votre statut juridique, etc.

01
Ces mentions valent pour la France, et peuvent donc différer en Belgique, au Luxembourg et en Suisse.

DU DEVIS À LA FACTURATION

Plusieurs documents vont vous permettre de fixer par écrit les conditions auxquelles vous livrez vos créations ou prestations et auxquelles le client les accepte.

Quel que soit le document que vous rédigez, voici les mentions qui doivent obligatoirement apparaître 01 :
↘ votre nom, votre prénom et votre adresse ;
↘ le nom de votre société si vous êtes en société ;
↘ si vous avez créé une EIRL, l'objet de l'activité professionnelle à laquelle le patrimoine est affecté et sa dénomination (nom précédé ou suivi de EIRL) ;
↘ votre numéro Siret et votre code NAF ;
↘ votre numéro d'affiliation MdA ou Agessa si vous êtes artiste-auteur ;
↘ la date du document ;
↘ la nature (facture ? devis ?) et le numéro du document ;
↘ le nom et l'adresse du client ;
↘ l'objet du document ;
↘ le taux de TVA, avec montant hors taxes (HT) et toutes taxes comprises (TTC) ou dispense de TVA (dans ce cas, ne pas oublier la mention « TVA non applicable, article 293-B ou 293-B-III du CGI »).
↘ Sur les factures, notes d'honoraires et notes de cession de droits, indiquez une date limite de règlement (45 jours maximum, mais vous pouvez décider d'un délai plus court). En cas de dépassement, les pénalités de retard applicables sont calculées suivant des données émises par la Banque centrale européenne. À titre d'exemple, elles étaient de 10,15 % durant l'année 2014.
↘ Si vous adhérez à une AGA, indiquez : « Membre d'une AGA, le règlement par chèque est accepté ».

Le devis est le premier document qui vous permettra d'établir avec votre client les termes de votre échange. Votre client émet ensuite un bon de commande. La facturation peut s'effectuer par la suite de trois façons différentes :

→ une facture pour la vente d'une œuvre originale ;
→ une note d'honoraires pour les prestations de services ;
→ un contrat de droit d'auteur pour ce qui concerne la cession de vos droits d'auteur.

Ces documents étant des pièces comptables, vous devez les conserver dix ans après la clôture de l'exercice comptable auquel ils se rapportent.

Vous pouvez aussi établir vos conditions générales de vente sur un document à part ou dans la continuité de vos bons de commande et factures. Ces CGV précisent les conditions habituelles de vos transactions. S'il en existe de nombreux modèles sur Internet, ils sont le plus souvent adaptés aux grosses entreprises commerciales.
La loi indique que les conditions générales de vente doivent mentionner :

→ les conditions de vente proprement dites (comment s'effectue la vente, la prestation ou la cession) ;
→ le barème des prix unitaires ;
→ les éventuelles réductions de prix ;
→ les conditions et dates de règlement.

En théorie, ces éléments figurent déjà sur vos devis et documents de facturation. Cependant, si vous souhaitez les détailler et préciser davantage, faites-vous plutôt aider par un expert-comptable, voire un juriste. Une fois de plus, c'est la personnalisation de vos documents qui vous protégera le mieux.

DEVIS

Nous ne saurions trop insister sur le soin que vous devez apporter à la rédaction de votre devis : vous devez obtenir de votre client toutes les informations nécessaires à la réalisation de la commande. N'hésitez pas à lui faire préciser les points qui vous paraissent flous lors du brief.

››› Objet de la commande

Vous devez décrire l'objet de la commande, mais aussi énumérer les éléments à réaliser, les supports d'exploitation prévus, le nombre d'exemplaires ou la durée d'exploitation, ainsi qu'une zone géographique (régionale, nationale, internationale).

››› Planning

Vous devez indiquer le déroulement logique de la création et préciser la date de validité du devis. Nous avons vu plus haut comment estimer le coût de votre travail ; vous pouvez le traduire par poste (conception de la charte du site / réalisation de XX pages / animation Flash...) ou détailler le temps que nécessite chaque opération.
« Le temps, c'est de l'argent »... Cela se vérifie tout particulièrement dans les métiers de la création et de la communication visuelle : réfléchir au brief, s'imprégner de la culture de votre client, comprendre le message qu'il souhaite faire passer ; consulter des livres, des revues, des sites, des banques d'images ; « crobarder », retoucher, scanner... Maîtriser le facteur temps est ici déterminant. C'est pourquoi il semble plus pertinent d'avoir un tarif horaire ou journalier qu'un tarif à la réalisation. À vous d'ajuster ce tarif estimatif en fonction de vos charges, de votre expérience, ou encore du client, ainsi que nous l'avons mentionné plus haut.

- Recherches et création de « premiers jets » (prendre en compte le temps de réunion avec le client, la complexité du projet, éventuellement le nombre d'intervenants). La somme est due, même en cas de non-réalisation du projet.
- Finalisation du projet retenu, adaptation aux contraintes spécifiques du client.
- Réalisation technique de la création.
- Éventuellement, phase d'exécution (mise en pages, création de pages web...).
- Indiquer ensuite la cession de droits d'auteur.

En chiffrant et en détaillant le plus précisément possible ces étapes sur votre devis, vous clarifiez votre travail auprès de votre client ; il comprend ainsi le montant de votre devis et, surtout, le processus de création que vous devez mettre en œuvre. En outre, si votre devis est trop élevé pour votre client, cela vous permet de négocier en retirant une prestation plutôt qu'en diminuant votre taux horaire. Cela vous laisse également toute latitude pour facturer une prestation supplémentaire qu'il pourrait vous demander. Enfin, l'évaluation du temps nécessaire à chaque étape vous oblige à organiser et à planifier très précisément vos différents travaux en cours.

››› **Une option possible, le versement d'un acompte**

Le versement d'un acompte par le client n'a rien d'obligatoire ; à vous de décider si vous en faites un principe systématique de vos transactions ou pas. Outre l'apport financier qu'il représente, l'acompte engage les deux parties à aller au terme de la transaction, contrairement aux arrhes, qui réservent au client la possibilité de se rétracter en cours de route. Il implique donc un engagement ferme et définitif de la part du client… mais également de votre part ! L'acompte est donc une sécurité pour le client et le créateur, argument que vous pouvez faire valoir s'il « tique » sur cette demande. Mentionnez le montant de l'acompte (30 % représentent un minimum raisonnable) et sa date de versement sur le devis.

››› **Date de validité du devis**

La validité d'un devis est généralement limitée à trois mois.

››› **Bien distinguer…**

Votre devis doit mentionner les deux éléments suivants :

→ honoraires de création (rémunération des recherches, travaux, frais techniques) ;

→ droits d'auteur (rémunération de l'exploitation de l'œuvre que vous allez produire).

BON DE COMMANDE

Le bon de commande est le document par lequel vous vous engagez à fournir la prestation, et votre client à la rémunérer. Il reprend les termes de votre devis et doit être signé par votre client et vous. En cas de litige, il fait foi devant les tribunaux. Il est très fréquent que le devis serve de bon de commande. Il faut simplement :

→ qu'il soit signé par les deux parties ;

→ qu'il comporte un calendrier de réalisation ;

→ qu'apparaisse la formule *« Pour toute commande de votre part, merci de me retourner le double du devis, revêtu de votre signature et de votre mention "Bon pour accord et exécution". »*

FACTURATION

Facture, note d'honoraires ou note de cession de droits : l'intitulé du document qui rémunère votre travail dépend de la nature de votre prestation.

››› Facture

Vous émettez une facture lorsque vous vendez une œuvre originale. En tant qu'artiste, votre taux de TVA est de 10 %.

››› Note d'honoraires

Elle couvre les prestations de services (exécution d'une maquette, réalisation de photos sous la direction artistique d'un tiers...). Le taux de TVA est de 20 %.

››› Contrat ou note de cession de droits d'auteur

Vous cédez à votre commanditaire vos droits d'exploitation de l'œuvre : honoraires de création + cession de droits de cette création, ou cession d'une œuvre existante seule. Le taux de TVA est de 10 %. Dans le cas où votre projet n'est pas exploité (appel d'offres, par exemple), mentionnez la phrase : « Honoraires de création graphique préalables à une cession de droits d'auteur » pour appliquer la TVA à 10 %.

Les différents éléments devant apparaître

Objet de la cession

- Définition de l'œuvre : l'auteur en garantit l'originalité.
- Obligations de l'auteur : date de remise de l'œuvre, remise d'originaux ou de copies permettant l'exploitation, corrections ou modifications.

Obligations de l'exploitant

- Assurer le paiement : XX€ à valoir, XX€ à la signature, XX€ à la remise de l'œuvre, XX€ lors de la première exploitation de l'œuvre, XX % sur le prix de vente HT au public de l'œuvre ou du support de reproduction.
- Assurer à l'œuvre une exploitation commerciale permanente et suivie.
- Respecter le droit moral de l'auteur.
- Prendre en charge les risques et périls liés à l'exploitation de l'œuvre.

Définition de l'étendue de la cession de droits
→ Forme de la reproduction : préciser sur quels supports (affiche, flyer, site, livre, signet, support numérique ou audiovisuel...) l'auteur autorise la reproduction de son œuvre.
→ Durée de la cession : pour la durée d'un événement, pour tant d'années, etc.
→ Territoire d'exploitation.

Définition des droits dérivés
→ Cession à un autre éditeur ou diffuseur.
→ Adaptation, traduction.
→ Merchandising (vêtements, fournitures scolaires, vaisselle, etc.).
→ Reprographie.

Rappel : veillez scrupuleusement à circonscrire votre cession de droits en nombre d'exemplaires, en supports, en durée et en zone d'utilisation par votre client. Chaque nouvelle adaptation ou réédition de l'œuvre fera l'objet d'une nouvelle note de cession de droits.

MAUVAIS PAYEURS ET CLIENTS EN FAILLITE, CELA PEUT MALHEUREUSEMENT ARRIVER...

Dans le cas où un client tarde à vous payer, la première démarche consiste à le relancer à l'amiable. Rappelez-lui sa créance avec tact et diplomatie, tout d'abord par téléphone, ce qui permet éventuellement de fixer une nouvelle date de règlement en cas de difficultés passagères. Puis, graduellement, en observant des délais raisonnables et en conservant les copies des courriers :
→ rédigez une relance courtoise, par écrit ;
→ envoyez une lettre de rappel plus ferme 15 jours plus tard, voire une deuxième, en rappelant à chaque fois les précédentes demandes ;
→ faites une mise en demeure (mentionnez clairement ces termes), par lettre recommandée avec avis de réception, qui peut être suivie d'une sommation d'huissier (indiquez qu'à défaut de paiement, une action en justice pourra être engagée) ;
→ en cas d'échec viennent enfin les différentes procédures juridiques. Dans votre cas (activité libérale et non commerciale), c'est le tribunal d'instance qui est compétent.

Dans le cas d'un client ou d'un éditeur mis en liquidation ou en redressement judiciaire, adressez au représentant des créanciers une lettre recommandée avec demande d'accusé de réception, pour demander à être inscrit sur l'« état des créances ». Ce représentant, désigné par le tribunal de commerce, est chargé de la répartition entre les différents créanciers. L'Urssaf et les salariés sont des créanciers privilégiés ; vous pouvez en faire partie, si, par exemple, vous cherchez à récupérer une rémunération assimilable à un salaire. Dans ce cas, précisez dans votre courrier : « Privilège de l'article L. 131-8 du Code de la propriété intellectuelle. » Dans tous les cas, ne tardez pas à vous manifester. Vous avez généralement deux mois après le jugement de mise en liquidation ou de mise en faillite pour le faire. Au-delà, votre droit est prescrit, car vous ne l'avez pas exercé dans les délais.

/03

Mener de front recherche de clients, réalisation des contrats, gestion administrative ; découvrir comment se déroule une relation de fournisseur à client : vos premiers mois – sinon votre première année – d'activité vous seront nécessaires pour trouver vos marques, votre rythme, bref, votre propre organisation professionnelle.

COMMENT ORGANISER LE TRAVAIL AU QUOTIDIEN ?

OÙ S'INSTALLER ?

Domicilier son activité dans son propre logement est le réflexe le plus courant et la solution la plus simple lorsque l'on démarre une activité indépendante.
Prenez néanmoins le temps de réfléchir à cette domiciliation, car le choix d'un lieu officiel pour votre activité vous engage. Votre logement vous offre-t-il réellement les conditions matérielles idéales pour exercer ? Le cas échéant, pourrez-vous accueillir vos clients chez vous ? Pourquoi ne pas envisager de partager un local avec d'autres professionnels ?

TRAVAILLER CHEZ SOI

Si, d'un point de vue fiscal, le travail à domicile peut être intéressant grâce aux déductions qu'il permet (voir p. 101 et 110), il est important de vous assurer des conditions dans lesquelles vous pourrez exercer chez vous.

UN CHOIX QUI N'A RIEN D'ANODIN

Travailler chez soi est une question d'organisation et de tempérament. Nombre d'entre vous ont démarré dans une chambre d'étudiant, avec un Mac posé sur une planche et des tréteaux. Mais une activité professionnelle à temps plein exige une pièce à part ; au fil du temps, vos dossiers et votre documentation vont prendre de plus en plus de place. Par ailleurs, vous éprouverez rapidement le besoin de matérialiser la séparation entre votre vie privée et votre vie professionnelle. Ayez conscience des multiples facettes du travail à domicile. Les avantages sont nombreux. Vous gérez vos horaires librement et ne perdez pas de temps dans les transports. Vous pouvez créer l'environnement de votre choix (ameublement, aménagement, musique...) et n'avez de compte à rendre à personne quant à l'organisation de votre travail. Beaucoup d'indépendants estiment qu'ils travaillent mieux à domicile. En contrepartie, cette absence de structure « extérieure » vous oblige à une discipline personnelle et à ne pas vous laisser déborder par les « obligations » du quotidien (un peu de ménage, un peu de bricolage...). En outre, votre statut d'indépendant induit une certaine solitude, très largement renforcée par le fait de ne pas quitter votre habitation. Enfin, il n'est pas possible de partager vos frais d'équipement avec un autre graphiste.

Si vous vivez en couple, vous en ferez vite l'expérience, concilier vie professionnelle et vie personnelle dans un même logement n'a rien de simple. Il vous faudra faire comprendre à votre conjoint(e) que travailler à domicile ne fait pas de vous une femme ou un homme au foyer ; plus difficile, si vous avez des enfants, vous devrez leur apprendre que vous pouvez être présent à la maison sans être disponible pour autant. Séparer temps professionnel et temps privé n'a rien d'évident, et des réajustements seront nécessaires. Bien entendu, si votre conjoint(e) travaille aussi comme indépendant(e), il ou elle comprendra tout à fait vos contraintes. En revanche, dans ce cas, mieux vaut disposer d'un logement assez spacieux, logement offrant deux espaces de travail pour exercer sans se gêner.

DOMICILIER SON ACTIVITÉ ET EXERCER CHEZ SOI

Si les règles en la matière ont été considérablement assouplies, assurez-vous néanmoins que vous êtes légalement autorisé à domicilier votre activité professionnelle chez vous, c'est-à-dire à indiquer votre domicile personnel comme siège officiel de votre entreprise, puis à exercer votre activité dans des conditions ne troublant pas la tranquillité de vos voisins.

Dans les villes de moins de 200 000 habitants et dans les zones franches urbaines 01, vous n'avez pas besoin d'autorisation pour domicilier votre entreprise chez vous, que vous soyez locataire ou propriétaire. Dans les villes de plus de 200 000 habitants et dans les départements des Hauts-de-Seine, de la Seine-Saint-Denis et du Val-de-Marne, assurez-vous que votre bail ne comprend aucune disposition contractuelle ou législative s'opposant à la domiciliation de votre entreprise individuelle. Si vous avez créé une société et qu'une clause de votre bail exclut la possibilité de domicilier une société chez vous, vous pouvez néanmoins le faire à titre temporaire et pour une durée maximale de cinq ans. Dans ce cas, lors de l'immatriculation de votre société, vous devez indiquer le caractère temporaire de cette domiciliation et en informer votre propriétaire par lettre recommandée avec accusé de réception.
Pour ce qui est de l'exercice de votre activité, elle reste dans tous les cas possible, dès lors :
→ qu'il s'agit de votre résidence principale ;

01
Le site sig.ville.gouv.fr vous permet de vérifier si vous relevez d'une zone franche urbaine.

- qu'elle est exercée exclusivement par les occupants du logement ;
- qu'elle ne vous conduit pas à recevoir des clients ou des marchandises.

Si ces conditions ne sont pas réunies, vous devez déposer une demande d'autorisation auprès du maire de votre commune pour affecter une partie de votre domicile à votre activité professionnelle.

››› Habiter dans un local professionnel

À l'inverse, il n'est pas toujours possible d'aménager un logement dans un local professionnel. Si vous louez par exemple un atelier, vérifiez que votre bail vous permet d'y habiter et demandez par écrit une autorisation à votre propriétaire.
Quel que soit le local dans lequel vous exercez votre activité, pensez à souscrire une assurance (voir p. 86).

LOUER SEUL OU À PLUSIEURS

Si vous ne pouvez pas ou ne souhaitez pas travailler chez vous, vous avez la possibilité de louer un local professionnel ou un atelier, seul ou avec d'autres travailleurs indépendants. La location à plusieurs présente de nombreux avantages, en particulier de la convivialité, des économies et des échanges de « bons plans » professionnels.

LE BAIL COMMERCIAL

››› Caractéristiques du bail commercial

Un bail commercial est signé pour neuf ans. Vous ou votre bailleur avez la possibilité de le résilier tous les trois ans, en respectant un préavis de six mois, d'où l'expression « bail 3-6-9 ». Vous pouvez également le résilier à tout moment en cas de retraite ou d'invalidité.

À l'issue des neuf ans, si votre bailleur souhaite mettre un terme au bail ou en refuse le renouvellement, il doit vous verser une indemnité d'éviction 01, à moins que le non-renouvellement soit motivé par des travaux importants. Au départ, cette disposition visait à protéger les commerçants, pour qui l'implantation – et donc la proximité de la clientèle – compte beaucoup.

››› Les dérogations possibles

Attention, deux dispositions offrent des dérogations possibles au droit du bail commercial.

- La convention d'occupation précaire : votre propriétaire est par exemple dans l'attente d'une expropriation ou de travaux de démolition. Il peut vous louer son local, mais vous ne percevrez pas d'indemnités lorsqu'il vous faudra quitter les lieux.
- Le bail de courte durée : votre propriétaire peut vous signer un bail de trois ans maximum. Pour vous comme pour lui, c'est en quelque sorte une façon de se tester mutuellement. À l'issue de cette période, il peut mettre fin au bail sans vous verser d'indemnités. Si, en revanche, vous restez dans les lieux au-delà de cette période, un nouveau bail de neuf ans doit être signé.

››› Qui peut bénéficier d'un bail commercial ?

Stricto sensu, le bail commercial est réservé aux professionnels exerçant une activité industrielle, commerciale ou artisanale. Cependant, les artistes-auteurs d'œuvres graphiques et plastiques inscrits à la Maison des artistes bénéficient d'une mesure favorable les autorisant à souscrire un bail commercial. En outre, le propriétaire d'un local commercial peut tout à fait accepter de le louer à des professionnels libéraux, en appliquant les modalités du bail commercial.

››› Et en dehors du bail commercial ?

Les baux professionnels concernent les activités libérales ne pouvant bénéficier de baux commerciaux. Ces baux offrent moins de protection quant à la durée de location, mais celle-ci ne peut être inférieure à six ans. Le préavis à respecter par le locataire et le bailleur est de six mois.

01
L'indemnité d'éviction, article L. 145-14 du Nouveau Code de commerce, décret 53-960 du 30 septembre 1953.

LOCATION À PLUSIEURS, SOUS-LOCATION

Si vous décidez de prendre un local à plusieurs, il vous appartient de vous assurer que vous serez à même de travailler ensemble (rythme, bruits, passage...). Le regroupement d'artistes dans un même lieu est indéniablement une source de stimulation et vous permet de rompre votre solitude de créateur, mais il faut aussi en prévoir les contraintes. D'un point de vue légal, voici ce que vous devez en outre savoir.

››› Louer un atelier ensemble

Si vous souhaitez partager un atelier en bail commercial avec d'autres artistes inscrits à la MdA, il vous faut conclure une convention d'indivision. Cette convention fixera entre vous les modalités de vos contributions au loyer et aux charges, ainsi que vos droits quant à l'utilisation du lieu. Le bail doit alors être conclu au nom de tous les artistes, qui deviennent des colocataires. Pensez à négocier avec le propriétaire la possibilité de trouver un nouvel artiste en cas de départ de l'un d'entre vous.

Vous avez également la possibilité de créer une société civile de moyens (SCM). Cette structure, réservée aux professions libérales, n'a aucune incidence sur votre propre statut juridique, mais vous permet de partager des locaux ou d'employer un salarié en commun, et donc de réduire avantageusement vos coûts. Elle peut être utile si vous êtes nombreux à vous regrouper, le nombre d'associés étant illimité. Sachez cependant que cette structure implique un certain formalisme ; renseignez-vous auprès d'un expert-comptable pour voir si la SCM est adaptée à votre situation.

Enfin, vous pouvez aussi opter pour la création d'une association (voir p. 191) ; c'est la solution la plus couramment utilisée par les créatifs.

À Lorient, le Bureau des graphistes regroupe neuf créatifs (graphistes, photographes et créateurs de sites), tous indépendants mais constitués en association pour payer le loyer.

« Nous partageons 150 m² pour un loyer de 900 €, ce qui fait 100 € plus 50 € de charges (électricité, eau, gaz...) chacun. L'ensemble, réparti sur deux niveaux, compte six bureaux, fermés. Par expérience, mieux vaut fuir les lieux ouverts, on ne fait que discuter, la résonance est infernale, personne ne travaille !

Côté matériel, chacun utilise son ordinateur et son téléphone portable ; avec une ligne fixe, on ne saurait jamais qui doit répondre. Seuls le fax-copieur et la cafetière sont en commun.
Malgré la convivialité, un collectif n'est jamais évident. Dans un groupe, il arrive souvent que certains aient un rôle moteur, jouent le jeu et sous-traitent les commandes pour lesquelles ils n'ont pas le temps ou sur lesquelles d'autres sont plus compétents... Quand d'autres attendent tranquillement que les copains leur trouvent des clients. Chez nous, les règles sont claires : devoir payer sa part de loyer oblige chacun à se bouger, sinon... bye !
Notre collectif existe depuis trois ans et ça marche très bien ! On ne reste plus seul dans son coin, on appartient à un réseau dans lequel les opportunités de travail sont plus nombreuses ; les clients se sentent sécurisés par le groupe, si l'un d'entre nous ne peut répondre à une urgence, il transmet la commande à un autre. Et au niveau personnel, c'est important d'avoir le regard d'autres créatifs sur ce que l'on produit, c'est fondamental pour évoluer ! »
Anne, à l'origine du collectif, et Jennifer, qui a rejoint ce dernier un peu plus tard.

››› La sous-location

De façon générale, la sous-location doit toujours être soumise à l'approbation du propriétaire 01 : le locataire doit l'informer de son intention de sous-louer le local et l'inviter formellement à prendre part à l'acte de sous-location. Si la sous-location n'est pas expressément autorisée dans le bail, le propriétaire peut rédiger un avenant 02.

LES AUTRES SOLUTIONS

Vous ne disposez pas d'espace suffisant pour travailler correctement chez vous, et louer un local est trop onéreux ? En attendant d'avoir les moyens ou de trouver d'autres indépendants pouvant devenir vos colocataires, plusieurs solutions sont possibles.

››› Le coworking

Envie de disposer d'un véritable environnement de travail, d'usage flexible et sans engagement sur le long terme ? Le principe du coworking (espace de travail partagé) est simple : ces espaces de travail accueillent une population nomade de travailleurs indépen-

01
Article L. 145-2-6°
du Nouveau Code
de commerce.

02
« Sauf stipulation
contraire au bail
ou accord du bailleur,
toute sous-location
totale ou partielle est
interdite. » Article L.145-31 du Code de commerce.

dants, étudiants ou salariés en télétravail. Suivant le budget dont vous disposez et vos besoins de travail, vous pouvez louer un bureau pour une durée variant d'une demi-journée (à partir de 10 € la journée) à plusieurs mois (autour de 300 à 400 € par mois), une fois une cotisation acquittée. Bien souvent, un système de carte vous permet de prépayer votre « loyer », puis d'utiliser au coup par coup vos heures de présence, après vous être assuré de la disponibilité des espaces. Vous pouvez y disposer de bureaux fermés pour travailler en solo, de bureaux ouverts ou de salles de réunion pour travailler avec d'autres graphistes, ou d'espaces de rencontre pour accueillir vos clients (ce qui fait plus sérieux que de les recevoir au café du coin !). Vous pouvez y bénéficier d'une connexion Wi-Fi ou filaire, d'une imprimante, d'un scanner, d'une photocopieuse, d'un grand écran et d'un vidéoprojecteur, et parfois même d'un casier personnel ou d'une boîte aux lettres, voire d'un centre de documentation ou même d'un ensemble de services administratifs et d'accompagnement aux créateurs d'entreprises.

Au-delà des seules conditions de travail, c'est surtout l'esprit de convivialité et de collectif qui fait l'intérêt de ces lieux, qui déclinent physiquement la logique des réseaux sociaux. Le coworking propose des coins détente (café, micro-ondes, etc.), où tout est fait pour susciter la convivialité et la rencontre entre les différents utilisateurs du lieu. Certains sites Internet d'espaces de coworking présentent les utilisateurs réguliers des lieux, leur offrant ainsi un espace de visibilité. En plus de rompre l'isolement, le coworking est donc un moyen d'élargir vos contacts professionnels, de décrocher de nouveaux contrats, et de vous joindre à des projets.

Vous trouverez facilement de tels espaces en associant les termes « coworking », « cantine numérique », « télécentre » ou « bureau mobile » et le nom de votre région sur un moteur de recherche.
Consultez également les sites *reseaudescantines.org*,*www.numa.paris*, *www.neo-nomade.com*, *www.reseau-ruches.fr*, *www.bureauxapartager.com*, *www.mutinerie.org*, ou certains sites spécialisés dans la mise en réseau de travailleurs indépendants ou nomades (*www.zevillage.com*, par exemple).
Les chambres de commerce et d'industrie, mairies, communautés de communes et services économiques des régions sont aussi à même de vous indiquer les espaces de coworking proches de chez vous.

En Belgique, citons les huit espaces de Creative Wallonia (*www.creativewallonia.be*), The Loft (*coworkingbrussels.com*), *www.betacowork.com*, ou encore le réseau *www.smartworkcenters.be*, néanmoins plus proche des centres d'hébergement classiques.

Au Luxembourg, The Impactory (*theimpactory.com*), The Wishbox (*www.wishbox.lu*), Greenlab (*www.greenlab-coworking.com*), ou encore le Technoport (*www.technoport.lu*) offrent des espaces de coworking.

Le site Schweizer Coworking Spaces (*coworking-schweiz.ch*) répertorie des espaces de coworking dans les différents cantons de Suisse. Citons par exemple *www.criccraccroc.ch* à Genève, La Muse à Genève et Lausanne (*www.la-muse.ch*), ou encore un restaurant-bureau à Neuchâtel (*www.resteaubureau.ch*).

››› Les pépinières d'entreprises

Les pépinières d'entreprises sont des structures accueillant, pour une durée déterminée, des entreprises ou des travailleurs indépendants, sélectionnés sur dossier. L'hébergement peut débuter dès la phase de création de l'activité. Selon leur taille et leurs moyens, elles permettent de bénéficier de services à coûts partagés : mise à disposition d'un bureau, d'une photocopieuse, d'un fax, d'une permanence téléphonique… Dans certains cas, il est possible de bénéficier de conseils d'experts. Renseignez-vous auprès de votre chambre de commerce et d'industrie pour connaître la pépinière la plus proche et ses tarifs, et pour déposer un dossier de candidature.

››› Les ateliers-relais

Les ateliers-relais sont des bâtiments appartenant à une commune. Ils sont temporairement loués à des entreprises pour favoriser leur implantation sur le territoire, selon des tarifs plus favorables que ceux du marché. Adressez-vous à votre mairie pour savoir si elle possède de tels locaux.
Vous pouvez aussi vous adresser à votre CCI ou au service économique de votre mairie.

Enfin, consultez les sites de graphistes, de l'association de la Maison des artistes, etc. : vous y trouverez des annonces d'artistes souhaitant partager des locaux et ateliers.

LES ATELIERS D'ARTISTES

Certaines grandes municipalités possèdent et gèrent des ateliers d'artistes dont certains peuvent également servir de logements. Ces ateliers, loués à des tarifs très avantageux par rapport à ceux du secteur privé, font l'objet d'une intense demande ; ils sont attribués sur dossier, à partir de critères sociaux et sur la base du projet artistique, aux artistes affiliés à la MdA ou à l'Agessa.

Où s'adresser ?
En mairie ou à la direction régionale des affaires culturelles (Drac).
À Paris, ces ateliers sont gérés par la direction des affaires culturelles de la ville de Paris :
L'art dans la ville
55, rue des Francs-Bourgeois, 75004 Paris
Tél. : 01 42 76 84 00
Les demandes s'effectuent en ligne sur *www.paris.fr* (rechercher « candidature à un atelier d'artistes » pour accéder au formulaire de demande).
La Fondation nationale des arts graphiques et plastiques gère une centaine d'ateliers situés à Paris et à Nogent-sur-Marne.
FNAGP
Hôtel Salomon-de-Rothschild
11, rue Berryer, 75008 Paris
Tél. : 01 45 63 59 02, *www.fnagp.fr*

Belgique
Le ministère de la Culture publie régulièrement des appels à candidature pour des résidences d'artistes (de un mois à trois ans), voire, plus rarement, des locations longue durée. Le ministère publie aussi un répertoire des résidences d'artistes.
www.culture.be

Luxembourg
Le ministère de la Culture a publié un guide pratique complet des aides et subventions pour les artistes au Luxembourg. Vous y trouverez en particulier une liste de lieux pouvant servir d'atelier d'exposition ou de travail.
www.mc.public.lu, rubrique « Publications »

Suisse
La fondation suisse ProHelvetia (*www.prohelvetia.ch*) attribue des soutiens, dont certains sous forme d'ateliers pour résidence. Consultez aussi le répertoire mis en ligne par l'Office fédéral de la culture et le pour-cent culturel Migros, répertoire qui recense les différentes aides aux projets culturels à travers la Confédération (*www.promotionculturelle.ch*). Par ailleurs, l'association Artists in Residence (*www.artistsinresidence.ch*) publie en ligne une liste de lieux de résidence. Enfin, dans chaque canton, les services de la culture peuvent aussi vous orienter.

EXERCER, ÉVOLUER, ÉCHANGER

Pour de nombreux travailleurs indépendants, la dimension commerciale du métier, la recherche de clients, les relations et négociations avec eux sont vécues avec appréhension. Or, ces relations font intrinsèquement partie du statut d'indépendant. Organiser une recherche systématique et ordonnée de nouveaux contrats ne s'improvise pas.

Vous vous sentez un peu fragile dans ce domaine ? En matière de relations commerciales, mais aussi, plus largement, concernant la pratique de votre métier, n'hésitez pas à miser sur une phase de formation. Désormais organisée, la formation continue ne doit pas être négligée, mais au contraire pensée et intégrée à votre activité professionnelle, dont elle garantit la bonne évolution. Enfin, pour mieux vivre votre métier au quotidien, sachez lutter contre l'isolement qui menace tout travailleur indépendant, quel que soit son domaine professionnel. Soyez notamment attentif aux occasions de travailler à plusieurs sur un projet.

UN AUTRE RAPPORT AU TEMPS

Que vous ayez fait le choix de travailler depuis chez vous ou dans un local professionnel, que vous exerciez seul ou dans un lieu où sont aussi présents d'autres indépendants, les premiers mois, voire les premières années de votre installation vous serviront essentiellement à trouver votre propre organisation professionnelle.

L'image est peut-être caricaturale, mais si, pour certains, être indépendant correspond à une liberté totale, à la possibilité de ne plus avoir d'horaires contraints, de s'organiser au jour le jour, de sortir dans la journée et de travailler la nuit, alors, c'est une impasse assurée à très court terme.

Le choix de s'installer à son compte n'a rien de simple et génère de nombreux questionnements quant à l'organisation personnelle à adopter. Il faut savoir se forger une discipline et s'y tenir, mais aussi gérer efficacement ses commandes, qui auront tendance à arriver toutes au même moment, après une angoissante traversée du désert (et, en tant que jeune indépendant, vous ne pourrez pas vous permettre de refuser !).

Au sujet des horaires, même si, bien entendu, vous êtes plus libre qu'un salarié, ayez néanmoins conscience que vous devrez toujours être disponible et joignable pour vos clients à des horaires « classiques ». Disponible, cela veut aussi dire disponible physiquement, ce qui implique donc de vous déplacer pour rencontrer vos clients directement. Même si vous avez choisi de travailler depuis chez vous, le temps que vous gagnez en ne vous rendant pas au bureau n'est au final pas totalement gagné. Vous l'organisez différemment, c'est tout.

La question du temps et de sa gestion est bien souvent centrale concernant le travail en indépendant. Acquérir l'indispensable autonomie et les bons réflexes pour « roder » votre fonctionnement ne

va pas de soi. Il faut : apprendre à évaluer le temps nécessaire à chaque tâche et à y ajouter les inévitables imprévus ; en réponse à une commande, ne pas tout faire tout de suite ni au dernier moment ; conserver un rythme régulier de travail ; avoir une vision claire de sa charge de travail à quelques jours, quelques semaines ou mois ; savoir se garder des plages de travail totalement déconnectées des e-mails et du téléphone pour avancer sur ses travaux, puis recontacter ensuite les personnes qui ont appelé ; veiller à maintenir un bon équilibre entre vie privée et vie professionnelle...
À tout cela s'ajoute aussi la nécessité d'adjoindre à votre temps de travail toute la dimension commerciale (prospection et relation clientèle), la partie administrative, ainsi que le travail « informel » et non quantifiable qui vous permettra d'entretenir un réseau et d'y développer votre visibilité.

CONSTITUER ET PRÉSENTER SON BOOK

Que vous sortiez d'une école ou que vous vous installiez à votre compte après quelques années de salariat, vous possédez déjà certainement des travaux à votre actif. Du simple flyer réalisé pour des amis au mini-site conçu pour une entreprise dans le cadre d'un stage ou d'un premier job, en passant par une photographie ou une illustration utilisée sur une affiche, des cartons d'invitation... : recensez soigneusement tout ce que vous avez produit, sans oublier vos créations et travaux personnels ou les projets non retenus par le commanditaire. En revanche, ne laissez aucune ambiguïté sur ce qui a réellement été utilisé par vos clients et ce qui, à l'inverse, relève de recherches personnelles non commercialisées au final.
Adaptez le support et la forme de votre book à vos travaux. Si vous avez surtout réalisé des produits imprimés (affiches, plaquettes,

01
Par exemple www.creabook.com, qui offre un service gratuit de mise en ligne de books de créateurs.

flyers, etc.), vous opterez pour une forme traditionnelle papier. Quand, pour une raison ou pour une autre, vous ne disposez plus d'exemplaires originaux et devez refaire un tirage, investissez dans une impression soignée, sur du papier de qualité.
À l'inverse, si vous vous spécialisez dans la création numérique, vous pouvez constituer votre book sous forme de site Internet ; dans ce cas, vous démarcherez vos clients avec votre portable sous le bras. Dans les deux cas cependant, ayez toujours avec vous le double de votre book sur une clé USB.
En ligne sur un site personnel ou en version traditionnelle, votre book doit montrer votre « patte », votre originalité et vos centres d'intérêt, et non se contenter de retracer un parcours scolaire ou professionnel. Il a pour objet de présenter l'étendue de votre savoir-faire. Réfléchissez soigneusement à l'organisation de vos travaux : la présentation par type de prestation (identité, logo, webdesign, affiche...) est la plus courante, mais libre à vous d'en inventer une autre, si cela vous semble justifié.
Concernant la présentation, quel que soit le support que vous avez choisi d'adopter, sachez faire preuve d'une créativité... maîtrisée, la sobriété étant souvent la meilleure façon de valoriser vos travaux.
Internet est le support qui vous offre la diffusion la plus large 01. Un client qui recherche un graphiste ne consultera pas l'annuaire, mais « googlelisera » des mots-clés tels que « graphiste + Paris, Normandie ou Ardèche... », selon son implantation. Il est aussi possible que la recherche s'effectue par spécialité (photos de produits alimentaires, identité de site industriel, logo de PME...). À vous de réfléchir soigneusement aux mots-clés qui permettront à un client de vous trouver facilement ; pensez à l'internaute moyen, n'ayant aucune connaissance du « jargon graphiste » et qui ira au plus simple !
Avant de concevoir votre site, jetez un coup d'œil à ceux de vos confrères, vous y trouverez de quoi nourrir votre réflexion.
Adoptez une démarche professionnelle : plus que jamais, l'organisation et la hiérarchisation des informations sont primordiales. Ayez en tête que votre client visite votre site avec l'idée de vous confier une tâche très précise ; il doit pouvoir vérifier rapidement quelles sont vos compétences dans ce domaine. Vos coordonnées téléphoniques et postales doivent être immédiatement visibles, afin que l'on puisse vous situer (la proximité joue un rôle important) et vous contacter au plus vite. Ne confondez pas la forme et le fond : évitez la surenchère d'animations qui brouillent le message, même si Flash est juste-

ment votre spécialité. Veillez à ce que le temps de chargement ne soit pas trop long. Enfin, certains graphistes proposent d'établir un devis en ligne ; si vous débutez dans la profession, mieux vaut éviter cela. Essayez plutôt de rencontrer vos clients. Rien ne remplace un contact direct, et vous aurez ainsi l'occasion de détailler et d'expliquer votre prestation et vos tarifs.

DÉMARCHER LES CLIENTS

Savoir à qui s'adresser, savoir se vendre... Cela exige de la méthode et du temps pour tout travailleur indépendant. Puis, bien souvent, un premier travail en apporte un autre. Cependant, au moins durant vos premières années, même dans les périodes où vous avez plusieurs commandes, gardez en tête que vous devez continuer de démarcher pour consolider votre clientèle. Essayez de vous dégager régulièrement du temps pour réfléchir aux entreprises que vous pourriez contacter. Trois heures par semaine ? Un après-midi tous les 15 jours ? Il n'existe pas de règle en la matière ; à vous de décider en fonction de votre organisation, de vous y tenir avec constance et d'aller au bout de votre prospection avec chacun de vos contacts. Nous avons vu plus haut combien il était important de vous constituer un site en ligne pour permettre à vos clients de consulter vos différents travaux. Être présent et soigner son image, c'est aussi, via les réseaux sociaux, se positionner professionnellement.

TROUVER DES CLIENTS

››› L'entourage et le bouche-à-oreille

On ne le rappellera jamais assez, les métiers de la création sont très dépendants du bouche-à-oreille. Informez très largement votre entourage de vos recherches, de vos compétences et de votre expérience. Votre entourage ? Famille, amis, réseau d'élèves et de professeurs de votre ancienne école, anciens employeurs ou clients si vous étiez auparavant salarié d'une agence... Ce premier cercle n'est pas forcément celui dans lequel vous trouverez vos clients, mais celui qui relaiera plus largement votre recherche (grâce à « une personne qui connaît quelqu'un qui... »). Par la suite, vos premiers clients rejoindront aussi votre entourage. Et ce qui peut vous sembler évident a parfois besoin d'être formulé concrètement : indiquez sans insistance, mais clairement, que vous êtes en phase d'installation de votre activité, disponible, motivé, enthousiaste et en recherche de nouveaux contrats.

››› Démarcher de nouvelles entreprises

Soyez méthodique et prenez le temps de réfléchir à ces questions.

- Quelles sont vos compétences, vos spécialités ?
- À qui pouvez-vous les proposer ?
- Pour qui avez-vous envie de travailler ?
- Pour quels types de structures avez-vous exécuté vos précédents travaux et auprès de qui pouvez-vous valoriser ces expériences ?
- Quels sont, autour de vous, les clients qui peuvent financièrement s'offrir vos services : PME, TPE ? Grandes entreprises ? Commerçants ? Artisans ? Institutions (collectivités territoriales, administrations, associations) ?
- Est-il possible de susciter un besoin chez un client qui n'en a pas conscience ? Par exemple, proposer à une PME locale de redynamiser son logo, à un éditeur régional de créer une nouvelle maquette pour une collection de romans, à un architecte de refaire son site en ligne, à un artisan, une mairie ou un centre de formation de revoir son identité graphique...

Faites-vous par ailleurs connaître des imprimeurs, qui peuvent diriger des clients vers vous. Pensez également à démarcher les agences de communication et de publicité, qui font régulièrement appel à des graphistes indépendants pour une surcharge de travail ou pour des compétences dont elles ne disposent pas en interne. À l'expérience, vous repérerez rapidement les agences ayant une véritable politique éditoriale et qui vous feront travailler sur un brief déjà soigneusement défini avec le client. À l'inverse, évitez de travailler pour les agences qui se contentent de jouer les intermédiaires entre vous et un client que vous ne rencontrerez jamais en direct,

et dont l'agence n'aura pas redéfini précisément la demande. Dans ce dernier cas, l'expérience peut très vite devenir frustrante, car il faut travailler « à l'aveugle » et de façon chronophage.
De la même façon, évitez de vous inscrire sur les plateformes en ligne « apporteuses d'affaires », plateformes sur lesquelles des clients demandent des devis pour des travaux précis. Nous verrons page 169 que la phase du brief et de la réception de la commande du client est un moment tout à fait essentiel de votre relation au client, et qu'elle vous permet de bien cerner, voire de définir la commande passée. De la même façon que dans le cas d'une agence qui ne recadre et ne reprécise pas la demande du client avant de vous la transmettre, vous risquez de vous engager sur un devis sans avoir connaissance de toutes les éventuelles modifications qu'il faudra ensuite apporter, le client, peu au fait des impératifs du métier, n'ayant pas su exprimer correctement ses attentes.

LES RENDEZ-VOUS PROFESSIONNELS

Tout au long de l'année, des manifestations consacrées au graphisme, à la photographie, au design ou à l'illustration vous permettent de rencontrer directement des professionnels : vous trouverez toutes les informations concernant ces rendez-vous sur *www.etapes.com/agenda*.
Mais attention, ne négligez pas les autres manifestations de votre région : dans un salon de l'habitat par exemple, vous trouverez des notaires, des architectes, des promoteurs, des offices publics d'HLM, des professionnels du BTP, bref, un véritable vivier de clients potentiels. Soyez attentif à ces occasions de toucher un maximum d'entreprises de votre région.

Fréquentez autant que possible les salons professionnels et festivals. Il ne s'agit pas de montrer votre book (ou du moins, pas seulement), car les exposants ont souvent payé très cher leur emplacement pour trouver eux-mêmes des clients. Allez-y pour connaître votre environnement professionnel et identifier les personnes que vous pourrez ensuite contacter. N'hésitez pas non plus à déposer votre carte de visite au commissariat des expositions, au service de communication des musées ou à l'organisation des festivals de musique que vous fréquentez.
Pensez aux associations : bien que peu argentées, les structures associatives sont des clients fréquents des graphistes. En outre, leurs bénévoles ont presque toujours une activité professionnelle, ce qui vous donne accès à d'autres contacts.

01
RECHERCHE DE MISSIONS, MAGAZINES ET SITES
étapes: dans sa version papier et sur www.etapes.com ; www.pixelcreation.fr ; www.bale.fr : bourse à l'emploi créée par l'INA ; www.graphiline.com : surtout pour les techniciens multimédias ; www.asfored.org : pour les métiers de l'édition ;www.kob-one.com...

Enfin, surveillez les petites annonces des revues et sites 01 spécialisés dans votre domaine. Faites-vous référencer dans les annuaires professionnels ou sur les sites spécialisés (voir p. 194).

On peut découper la démarche de prospection en trois étapes :
- identifiez nommément la personne à qui vous adresser ;
- faites-lui parvenir une plaquette ou un CD de vos travaux ;
- relancez-la par téléphone pour décrocher un rendez-vous. Un premier rendez-vous n'est pas forcément le gage d'un contrat, mais plutôt le signe encourageant que la personne est intéressée par vos travaux et pourrait éventuellement être amenée à faire appel à vous par la suite. Veillez alors à bien maintenir le contact.

››› Garder le contact

Il est rare qu'un premier contact débouche immédiatement sur un contrat. Repérez parmi les clients que vous rencontrez ceux qui vous semblent les plus intéressés par votre proposition et entretenez les liens.

Maintenir le contact, c'est par exemple envoyer une carte de vœux chaque année, prévenir lorsque vous effectuez une mise à jour significative de votre site, informer d'une nouvelle compétence à laquelle vous vous êtes formé, etc. N'oubliez pas de mettre vos destinataires en copie cachée, rien n'est plus désagréable que d'apparaître noyé dans une liste de contacts ou de voir son adresse divulguée à des personnes que l'on ne connaît pas.

Veillez à être toujours joignable : une règle élémentaire consiste à répondre immédiatement à tous les messages qui pourraient vous être laissés sur votre messagerie téléphonique ou par e-mail. Si vous avez un téléphone fixe, pensez à faire suivre vos appels sur votre portable lorsque vous vous déplacez. Ayez toujours plusieurs cartes de visite sur vous. Et, en la matière, hors de question que les cordonniers soient les plus mal chaussés : votre carte de visite professionnelle, qui indique vos coordonnées complètes, l'adresse de votre site, voire de votre blog, sera le tout premier document que vous donnerez à vos prospects (qui vous donneront la leur en retour, et donc de quoi alimenter soigneusement votre carnet d'adresses). Ce premier document doit être imprimé de façon impeccable sur un papier de qualité (n'utilisez surtout pas les cartes de visite discount en ligne). Il doit également parler de votre univers graphique et donner envie de travailler avec vous.

Enfin, encore une fois, n'hésitez jamais à vous montrer disponible. Un client a des doutes sur ses choix concernant la commande qu'il vous a passée ? Mieux vaut, dans la mesure du possible, aller le voir que vous contenter de régler les choses par téléphone. Un échange en direct est plus rassurant. Prenez ensuite le soin de revalider par écrit ce que vous vous serez dit lors de votre entretien.
Cela vous prend du temps ? Oui, bien sûr. Le temps est ce que vous devez dépenser sans compter, mais en le gérant efficacement. Une fois de bonnes et régulières relations établies avec vos clients, une fois que l'on se connaît mieux, les choses se mettent en place plus facilement et plus rapidement.

LES AGENTS

L'agent artistique offre aux auteurs (graphistes, illustrateurs, photographes, plasticiens, designers...) un soutien en matière de conseil artistique et de gestion de carrière. Son rôle est celui d'un intermédiaire entre :
→ les auteurs qu'il représente, auteurs auxquels il apporte conseils et accompagnement en matière de carrière professionnelle ;
→ les clients auxquels il permet de trouver, parmi les auteurs qu'il représente, les ressources les plus adaptées à un projet donné.
De façon générale, il conseille l'auteur dans ses relations avec le monde professionnel, la presse, les institutions, etc.
L'intérêt de l'agent est qu'il prend en charge la partie démarchage. Attention cependant à ne pas rejoindre une agence regroupant un trop grand nombre de créateurs : vous seriez noyé dans la masse. Dans ce cas, il devient en effet difficile pour l'agent de défendre réellement chaque artiste, et il risque de se contenter de gérer les demandes de ses clients. Au bout de quelque temps, vous verrez bien par vous-même si vous bénéficiez réellement d'un accompagnement (un bon agent est aussi là pour vous guider dans votre travail) ou si vous n'êtes qu'un numéro dans un catalogue d'artistes.
La profession d'agent est peu, voire pas définie ; le plus souvent, les agents sont rémunérés par une commission.
Certains d'entre eux, sous le nom d'« Agents associés » (*www.lesagentsassocies.org*), se sont regroupés pour agir en concertation face à l'évolution du marché.

Entretien avec l'un de ces agents, Guy Mestrallet, cofondateur de l'agence Costume 3 pièces à Paris (*www.costume3pieces.com*) :

« Des graphistes ou de votre agence, qui choisit l'autre ?
Le plus souvent, mon associée Priska Peters et moi allons vers les artistes avec lesquels nous avons envie de travailler. Nous sommes perpétuellement en alerte via la presse, l'édition, Internet, les expositions, etc. Nous assistons aussi aux remises de diplômes des écoles d'art, ce qui nous permet de repérer les nouvelles tendances et de déceler de nouveaux talents. Mais la démarche peut aussi venir des artistes eux-mêmes ; dans ce cas, nous avons plutôt affaire à des débutants. Si nous sommes séduits, nous les rencontrons, et cela peut éventuellement déboucher sur un contrat. Mais sur la vingtaine ou trentaine de propositions que nous recevons chaque semaine, nous effectuons un tri très important.
Comment concevez-vous votre métier ?
Nous jouons un rôle de conseil, de direction artistique vis-à-vis des artistes, autant qu'un rôle commercial. Nous leur offrons un regard sur leur démarche et les aidons à la faire évoluer. Certains jeunes illustrateurs ou photographes, par exemple, peuvent être tentés par différentes pistes de travail ; nous les aidons à choisir. Sans galvauder leur créativité, nous les conseillons pour que leurs travaux trouvent plus facilement acquéreur sur le marché. Au quotidien, nous les aidons également à défendre leur profession, notamment sur la question très sensible des droits d'auteur.
Qui sont vos clients ?
Nos clients sont principalement des agences de publicité, des acheteurs d'art, des directeurs artistiques et, en direct, les services communication de grosses entreprises.
Comment les démarchez-vous ?
Chaque année, nous publions un catalogue que nous adressons à plus de 3 000 contacts. Nous organisons également des expositions de nos artistes. Les books sont en ligne sur notre site et nous avons une newsletter. Et, surtout, le relationnel compte énormément.
Comment êtes-vous rémunérés ?
La commission est de 30 % pour l'agence et de 70 % pour l'artiste. Chez nous, cette commission est fixe, car nous prenons toute la promotion, et notamment les books, à notre charge. »

Enfin, il existe aussi des agences qui font le lien entre des indépendants et des clients en recherche de créatifs, généralement des agences de communication. Ces dernières contactent les graphistes pour des besoins ponctuels sur certains métiers. Cependant, rejoindre une agence de « mise en relation professionnelle » ne vous dispense absolument pas de mener votre propre démarchage. À Paris, l'agence Creativ'Link regroupe plus de 750 free-lances spécialisés dans les métiers de la communication : graphistes, illustrateurs, photographes, mais aussi journalistes, chefs de projets, fabricants, etc. Ils sont mis en relation avec les agences clientes de Creativ'Link. L'inscription est gratuite. Les books ou CV les plus représentatifs sont mis en ligne sur le site. Creativ'Link, 12, rue Calmels, 75018 Paris. Tél. : 01 48 78 78 18 (*www.creativlink.fr*).

FACE AU CLIENT

Bien entendu, il est impossible de décrire le déroulement type d'une rencontre avec un client. De nombreux paramètres vont entrer en ligne de compte : la taille et la nature de votre client (entreprise de grande envergure, média, profession libérale, institution, administration...) ; la position de la personne qui vous reçoit, sa culture graphique ; l'existence ou non d'un département communication au sein de la structure. Sachez que, bien souvent, vous ne serez pas reçu par le décisionnaire final, mais par un intermédiaire chargé de coordonner plusieurs intervenants sur un même projet.
Tout dépend aussi de l'intervention que l'on vous demande : s'agit-il de concevoir une politique globale de communication ou d'effectuer une simple prestation s'insérant dans un processus déjà bien engagé ?
Autant d'éléments qui font de chaque rencontre un cas unique.
Lors de vos rendez-vous, soyez naturel, précis ; ayez toujours en tête un petit argumentaire pour vous présenter, expliquer votre parcours et votre démarche de créatif. Veillez à emporter votre book et un document que vous pourrez laisser à la personne rencontrée : version CD ou sur clé USB de votre book, carte de visite mentionnant votre site web, etc.
Montrez que vous connaissez le marché et que vous savez vous situer : adoptez une attitude professionnelle, même si, au fond de vous, vous manquez encore d'assurance.

››› Le brief

La façon dont votre client va vous expliquer ce qu'il attend de vous dépend de tous les paramètres énoncés ci-dessous. Il se peut que l'on vous délivre un brief clairement rédigé et précisément détaillé. C'est un cas de figure idéal, mais malheureusement assez rare... Voici donc ce que vous devez essayer de savoir.

- De quelle nécessité le projet découle-t-il, quel est l'enjeu ?
- Quelle création attend-on de vous ? Dans quel cadre ?
- Quelle est la cible ?
- Quel est le message que l'on souhaite délivrer à cette cible ?
- Quels sont les atouts que l'on peut mettre en œuvre ?
- Comment votre création va-t-elle se matérialiser ? Sur quel(s) support(s) de diffusion ? En combien d'exemplaires ? Pour quel usage dans le temps ?
- Quel est le rétroplanning ?

N'hésitez pas à prendre des notes, à poser toutes les questions qui vous viennent à l'esprit. Essayez de cerner la culture graphique de votre client (ce qui a déjà été fait, quelle est l'identité actuelle, etc.). S'agit-il de se démarquer du passé ou de rester dans une continuité ?

››› Négocier ses tarifs

À l'issue de ce brief, vous devrez rédiger un devis matérialisant une offre commerciale. Nous l'avons vu, fixer des tarifs et évaluer financièrement des prestations, ce n'est pas simple ; encore moins les défendre face à un client. Dites-vous bien que les tarifs que vous aurez soigneusement calculés ne représentent pas votre valeur intrinsèque, mais bien celle d'un savoir-faire et d'une expérience que vous mettez au service de votre client. N'oubliez pas non plus que, dans bien des cas, vos interlocuteurs n'auront aucune idée de la valeur de la création que vous proposerez. Sachez rester souple, vous adapter aux possibilités de votre client, mais gardez bien en tête le seuil en deçà duquel vous ne pouvez descendre et restez ferme : vous ne pouvez vous permettre de travailler à perte ni même à prix coûtant. Il s'agit également de rester crédible face à votre client : diminuer votre prix de près de 30 %, par exemple, le conduirait à penser que votre première proposition était réellement exorbitante et installerait une méfiance.

Pensez à bien valider les conditions de vos échanges et n'oubliez pas tous les frais pouvant entrer en ligne de compte : pour des travaux comptant un grand nombre de pages, expliquez notamment que vous ne pourrez pas fournir de sorties en quadri, qui coûtent trop cher, mais que vous enverrez des documents en basse définition par e-mail. Verrouillez le nombre de corrections que le client pourra vous demander pour ne pas avoir à revenir dix fois sur le même travail, au détriment de vos autres commandes. Négocier, ce n'est pas seulement définir le prix de vos prestations, c'est aussi donner les conditions dans lesquelles vous allez les fournir.

Ne vous laissez pas influencer par un client essayant d'obtenir de vous des tarifs très en deçà de vos prix, sous prétexte qu'il s'agit « d'une petite structure avec un très petit budget ». Expliquez que vous fonctionnez vous aussi avec un budget très serré et que vous ne pouvez pas mettre votre structure en danger. Enfin, côté planning, ne laissez pas non plus un client vous mettre indûment la pression sous prétexte qu'il est extrêmement pressé ; s'il n'a pas su s'organiser, c'est son problème, pas le vôtre.

Négocier, ce peut être aussi ajouter un « petit plus » auquel le client n'a pas pensé et qui complète intelligemment le brief.

››› Présenter votre projet et le défendre

L'aspect relationnel entre pour une grande part dans votre activité. Dans la plupart des cas, gardez à l'esprit que vos interlocuteurs ne possèdent pas forcément une culture graphique pointue. Certains sont parfois embarrassés face à des graphistes dont ils ne connaissent ni le métier ni la culture, pas plus qu'ils n'en mesurent l'intervention dans leur domaine professionnel.

Apprenez à faire preuve de pédagogie et de patience : vous devez pouvoir expliquer votre démarche, vos réflexions, la façon dont vous avez reçu et interprété le brief, les éventuelles modifications que vous y avez apportées. Écoutez les objections ou remarques de vos clients et sachez y répondre ; ils apprécieront que vous les aidiez à approfondir leur culture graphique. Enfin, s'ils vous demandent des modifications, voire de retravailler votre projet, prenez le temps d'échanger avec eux pour mieux cerner leurs attentes et trouver la traduction professionnelle adéquate.

COMMENT LES MARCHÉS PUBLICS FONCTIONNENT-ILS ?

Le Code des marchés publics impose aux collectivités, aux administrations et aux établissements publics d'organiser une mise en concurrence entre prestataires pour tout marché d'une valeur égale ou supérieure à 15 000 € HT en France (CHF 150 000 en Suisse, 85 000 € en Belgique, 14 000 € au Luxembourg). Les marchés font obligatoirement l'objet d'une publicité, via l'affichage, les sites Internet des collectivités ou l'envoi de l'offre à au moins trois graphistes ou groupes de graphistes.

La procédure est la suivante :

- rédaction d'un cahier des charges précis ;
- présélection de trois ou quatre candidats, avec examen du dossier de création, appréciation du niveau de formation, des compétences et de l'expérience professionnelle ;
- demande d'estimation des coûts aux candidats. Le choix définitif peut avoir lieu à cette étape ou faire l'objet d'une dernière sélection.

Remarque importante : les critères de sélection ne sont pas forcément financiers. Le choix peut être entièrement justifié par des critères qualitatifs, clairement établis dès le départ.

Les marchés publics offrent de réelles et intéressantes opportunités de commandes. Vous trouverez les appels d'offres sur le site des collectivités, des ministères, sur celui du *Bulletin officiel des annonces des marchés publics* (*www.boamp.fr*), mais aussi sur *www.marches-publics.gouv.fr*.

- En Belgique : *marchespublics.cfwb.be*.
- Au Luxembourg : *www.marches.public.lu*.
- En Suisse : *www.simap.ch*.

Pourtant, de nombreux graphistes sont réticents à l'idée de répondre à un marché public. Il est vrai que trop souvent, les conditions sont très critiquables : candidats trop nombreux, contraintes administratives importantes, rémunérations trop faibles ou délais excessifs. Sans compter, en France, l'article 49, qui, lors de la parution du Nouveau Code des marchés publics en 2006, suscita un véritable tollé ; cet article prévoit en effet que le commanditaire peut demander aux candidats des « échantillons, maquettes ou prototypes » à l'appui de leur offre, ce qui, en matière de création, revient à fournir le travail lui-même, sans avoir l'assurance d'être retenu ! Cet article, bien que prévoyant le versement d'une prime en cas « d'investissement significatif », reste interprété de façon parfois abusive.

De nombreux créateurs ayant ouvert un blog s'élèvent très vigoureusement contre les marchés abusifs et les signalent. L'Alliance française des designers a établi une « liste noire » des marchés non équitables et travaille activement à la mise en place de conditions réellement justes pour les marchés publics du design (notamment la rémunération des projets non retenus).

Dès lors qu'un marché vous semble intéressant, posez-vous quelques questions simples, questions qui vous permettront de distinguer les marchés réellement équitables 01.

→ S'agit-il d'une consultation ouverte (toutes les propositions des créatifs souhaitant concourir seront examinées) ou restreinte (une première sélection détermine ceux qui seront autorisés à déposer une offre) ? Seule la seconde option permet d'instaurer de bonnes conditions de mise en concurrence.

→ En cas d'échec, les candidats malchanceux seront-ils indemnisés ? C'est un minimum si l'on vous demande un avant-projet assez abouti. Exigez cela comme condition de votre participation (parfois, il arrive que les commanditaires n'aient pas assez de candidats), en expliquant qu'il ne s'agit que d'une juste rémunération du temps consacré à ce travail.

→ Si vous emportez le marché, la rémunération et les délais vous permettent-ils de travailler correctement ?

Bien entendu, cette grille de lecture s'applique également aux marchés passés par les entreprises privées.

Par ailleurs, si vous n'êtes pas retenu, les organisateurs du marché ont l'obligation de vous informer sur les causes de votre éviction. N'hésitez pas à les leur demander.

Enfin, sachez que vous avez aussi la possibilité de passer par une agence de communication. Bien souvent, les marchés portent en effet sur des réalisations dont le graphisme n'est qu'un aspect,

01
Consultez également le *Guide des marchés publics du design graphique*, du même auteur, éditions Pyramyd, 2007.

avec la rédaction, la recherche iconographique, le conseil, etc. Les agences de communication peuvent financièrement en supporter le coût. Elles vous rémunèrent alors au forfait pour votre travail. Enfin, respectez une règle élémentaire : ne travaillez que pour une seule agence par appel d'offres.

EXPOSER

COMMENT EXPOSER ?

Il n'existe pas vraiment de recette autre que l'entregent, le carnet d'adresses et le sens du contact pour arriver à exposer ses créations dans un lieu public. Si vous souhaitez exposer dans une galerie, à vous de prendre contact avec son directeur pour lui présenter votre travail : chacun a sa manière de travailler et possède ses propres réseaux. Cependant, dans tous les cas, vous devez faire signer un bon de dépôt au galeriste lorsque vous lui remettez vos œuvres, ce qui vous permettra d'obtenir des dédommagements en cas de perte, de vol ou de détérioration. De son côté, la galerie doit vous rédiger un contrat d'exposition : ce document mentionne le nombre et la nature des œuvres que vous lui confiez, les conditions de transfert, le prix de la location des cimaises, les conditions d'assurances et la communication prévue autour de l'événement (publicité, mailing, relations presse, vernissage…). Le contrat d'exposition indique surtout le prix de vente de chaque œuvre, ainsi que le pourcentage que vous percevrez sur le prix de vente HT au public. Il précise surtout que la galerie ne devient pas propriétaire de vos œuvres et la date à laquelle vous pourrez reprendre vos invendus. Il en va de même pour les salons ; dans la plupart des cas, ils sont organisés par un comité artistique qui détermine les critères de sélection et examine les dossiers d'artistes en fonction de la thématique de la manifestation. Souvent, une cotisation ou une participation financière vous est demandée. Si vous exposez à l'étranger, consultez le site des douanes (*www.douane.gouv.fr*) pour les conditions de sortie du territoire des œuvres.

MÉCÉNAT D'ENTREPRISE

Les entreprises qui pratiquent le mécénat peuvent bénéficier de réductions d'impôts allant jusqu'à 60 % du montant total du bien acheté. Concernant ce sujet, vous pouvez consulter le site de l'Admical (*www.admical.org*), carrefour du mécénat d'entreprise.

Si vous possédez un grand atelier pouvant aussi servir de lieu d'exposition, vous pouvez tout à fait y accueillir les œuvres d'autres artistes, et ce, à titre gratuit : demandez alors à l'artiste invité une lettre indiquant que la mise à disposition du local est gratuite et rappelant les modalités de la mise à disposition, la date à laquelle il s'engage à décrocher ses œuvres, une décharge en cas de vol ou de dégâts, etc. Vous pouvez également lui demander une participation aux frais d'exposition. Mais, attention, cette participation doit être strictement limitée aux frais réellement occasionnés par l'exposition, et vous devez être à même de les justifier (conservez les factures) en cas de contrôle fiscal. Si tel n'était pas le cas, la somme versée pourrait être assimilée à une rémunération d'activité de galeriste, autrement dit, à une activité commerciale qui vous ferait perdre votre statut d'artiste et tous les avantages fiscaux et sociaux qui y sont liés. En revanche, la vente de vos propres œuvres n'est pas un acte de commerce. Vous pouvez le faire dans votre galerie, sans incidence sur votre régime fiscal ou social.

ASSURANCES

Lors d'une exposition, il vous est fortement recommandé de faire assurer vos œuvres, « tous risques clou à clou » (les biens sont assurés depuis leur départ jusqu'à leur retour) ou en « simple séjour ». Vous avez alors l'obligation de fournir à votre assureur des informations concernant la valeur d'assurance de l'œuvre (la « valeur agréée »), sa nature (photographie, peinture, etc.), ses dimensions, sa date de réalisation, ainsi que des informations sur le lieu, les dates et les conditions d'exposition.

VOTRE ACTIVITÉ ÉVOLUE...

... et vous êtes amené à collaborer ponctuellement avec d'autres graphistes ou travailleurs indépendants, voire à embaucher.
Par ailleurs, vous devez aussi évoluer vous-même, vous former à de nouvelles technologies pour prendre en charge de nouvelles commandes, répondre à de nouveaux clients, etc.

TRAVAILLER EN COLLABORATION

Au cours de votre activité, vous aurez certainement à vous associer à d'autres créatifs, d'autres travailleurs indépendants pour réaliser une commande. Diverses solutions s'offrent à vous pour matérialiser cette collaboration.

- Un devis est établi pour l'ensemble des prestataires, puis chaque créatif adresse sa propre facture au client. Plus simple pour chacun d'entre vous, cette solution peut vite devenir compliquée pour le client final.
- Le plus simple pour le client est que seul l'un d'entre vous soit en contact avec lui et devienne son interlocuteur. Définissez soigneusement entre vous les apports et la rémunération de chacun. C'est l'interlocuteur que vous aurez désigné qui facturera le client. Les autres intervenants du projet adresseront ensuite à cet interlocuteur une facture si ce dernier est en statut libéral, ou une note de rétrocession de droits d'auteur si vous êtes des artistes-auteurs (dans ce dernier cas, ni le précompte ni le 1,1 % diffuseur ne sont applicables entre artistes).

→ Si l'un d'entre vous a créé une société, le plus simple est que les autres indépendants facturent leur prestation à cette société, qui effectue quant à elle une facturation globale pour le client.
Attention, les sommes que vous rétrocédez à d'autres indépendants doivent être déclarées annuellement aux impôts à l'aide du formulaire DAS-2 (en ligne sur *www.impots.gouv.fr*, rubrique « Téléchargez un formulaire »). Ces sommes ayant ainsi été déclarées, vous pourrez les déduire de votre chiffre d'affaires et n'acquitterez dessus ni charges sociales ni impôts.

EMBAUCHER

Même si, au tout début de votre activité, ce cas vous semble hautement improbable, vous pouvez tout à fait être amené à embaucher un salarié. En tant qu'artiste-auteur, à l'instar de tout travailleur indépendant, vous n'avez besoin que d'un numéro Siret pour embaucher.
Sachez qu'en matière d'embauche, de nombreuses simplifications sont intervenues au cours de ces dernières années, notamment grâce à la déclaration préalable à l'embauche (DPAE), formalité qui regroupe toutes les déclarations et démarches que vous devez effectuer auprès de l'Urssaf.
La DPAE peut être remplie en ligne sur le site de l'Urssaf (*www.net-entreprise.fr*) ou par courrier. En fonction de la durée de l'embauche et du salaire que vous versez, vous devrez vous acquitter des cotisations sociales. Vous pouvez les calculer, les déclarer et les régler en ligne, sur ce même site. Depuis 2009, le titre emploi service entreprise (Tese), destiné aux entreprises de moins de neuf salariés, propose un dispositif allégé regroupant toutes les formalités liées à l'emploi : déclaration d'embauche, établissement du contrat de travail, formalités relevant de la protection sociale obligatoire et complémentaire, centralisation des règlements de cotisations. Par la suite, le centre national Tese dont vous relevez établit aussi les bulletins de paie, les déclarations sociales, et l'attestation fiscale pour les salariés. Renseignements sur *www.letese.urssaf.fr*.

››› En Belgique

Les démarches peuvent s'effectuer gratuitement par voie dématérialisée, à partir du site de l'Office national de la sécurité sociale

(ONSS). La première étape consiste à vous identifier comme nouvel employeur grâce à l'application Wide. Dans un second temps, vous communiquez les informations concernant la personne que vous employez via le service en ligne Dimona (déclaration immédiate de l'emploi). Ces deux services sont accessibles sur le site de l'ONSS, *www.onss.fgov.be*, rubrique « Employeurs et ONSS ».
Vous pouvez aussi faire appel aux services payants d'un secrétariat social agréé. Ces organismes contrôlés par l'État ont notamment pour mission de représenter les employeurs auprès de l'ONSS. Par la suite, ils sont aussi habilités à gérer les formalités administratives telles que les données relatives aux salaires et primes, l'établissement du contrat de travail, les documents sociaux (fiches de paie), ou encore les affiliations aux caisses. Vous trouverez leur liste sur le site de l'ONSS.

››› Au Luxembourg

Toutes les démarches s'effectuent auprès du Centre commun de la sécurité sociale (CCSS).
Vous devez tout d'abord immatriculer votre entreprise comme employeur, en déposant (en ligne ou par courrier) une « déclaration d'exploitation » au CCSS. Ce dernier vous attribue alors un certificat d'affiliation portant votre numéro d'immatriculation en tant qu'employeur.
Une fois cette démarche effectuée, le CCSS vous inscrit automatiquement en tant qu'employeur aux organismes suivants :

- Association d'assurance accident ;
- Mutualité des employeurs.

Une fois immatriculé comme employeur, vous déposez une déclaration d'entrée pour affilier à la Sécurité sociale chacun des salariés que vous souhaitez embaucher.
Centre commun de la sécurité sociale : *www.ccss.lu*.

››› En Suisse

Vous devez déclarer et enregistrer tout salarié auprès de votre caisse de compensation (voir p. 73) pour les assurances AVS/AI/APG et AC, de même que pour les allocations familiales. Prenez contact avec votre caisse pour effectuer ces formalités en ligne.
Contactez également l'Office fédéral des assurances sociales pour savoir si, du fait de cette embauche, vous devenez redevable de

la prévoyance professionnelle. En tant qu'employeur, vous devez également contracter une assurance accident pour votre ou vos employés : *www.bsv.admin.ch*.
Enfin, contactez l'Office du travail de votre canton pour toutes les questions concernant le contrat de travail et les conventions collectives.

FORMATION CONTINUE

Se former en comptabilité, fiscalité, droit d'auteur ; apprendre à développer un projet de publication sur tablette ; se mettre à jour en animations 3D, sur Flash, ActionScript, Dreamweaver ; améliorer sa stratégie de réseaux sociaux... : l'évolution normale de votre activité va vous amener à développer de nouvelles compétences, et à consolider ou remettre à jour celles que vous avez acquises en formation initiale, ou simplement « sur le tas ».

››› **Qu'est-ce qui relève de la formation professionnelle continue ?**
Une action de formation professionnelle continue doit correspondre à des critères bien précis et définir 01 :

- les conditions (prérequis pédagogiques) de niveau et de connaissances préalables nécessaires pour suivre le programme de formation ;
- le public concerné, en particulier suivant ses compétences ou son poste ;
- un objectif à atteindre en termes de compétences ou de qualifications à acquérir (cet objectif est mesuré par un titre, un diplôme ou simplement évalué) ;
- les modalités de l'acquisition.

Elle indique donc un programme précis, détaillé et séquencé, en termes de durée et de modalités d'acquisition.

Tous ces éléments ont pour objet de vous permettre de choisir une formation qui vous soit réellement adaptée ; n'hésitez pas à comparer les offres des différents organismes de formation. Il n'est pas rare qu'un même intitulé recouvre des réalités très différentes en termes de programme, de prérequis pédagogiques et d'objectifs de compétences à atteindre en fin de cursus. Veillez aussi à ce que la périodicité, les jours et horaires de formation soient compatibles

01
Circulaire de la délégation générale à l'Emploi et à la Formation professionnelle, 14 novembre 2006.

avec vos contraintes de travail, de déplacement, vos disponibilités. Comparez enfin les coûts (certes, vous bénéficiez d'une prise en charge, mais celle-ci est plafonnée annuellement) et les coûts « accessoires » que sont le transport et éventuellement l'hébergement (et qui, eux, ne sont pas systématiquement financés). Enfin, anticipez le plus possible la constitution de votre dossier. La recherche d'une formation et, surtout, l'obtention d'une prise en charge (ou non !) de celle-ci, tout cela prend beaucoup de temps.

››› **Vous êtes artiste-auteur**

Jusqu'en 2013, les artistes-auteurs ne bénéficiaient pas d'une prise en charge de leur formation professionnelle continue. Les éventuelles formations suivies entraient dans les frais professionnels et étaient déductibles comme toute autre charge. Désormais, les artistes-auteurs s'acquittent d'une nouvelle cotisation, qui leur ouvre droit au financement de la formation continue.
En France, les cotisations « formation continue » des salariés sont récoltées par des organismes paritaires collecteurs agréés par l'État (OPCA), qui ont aussi pour mission de gérer et de financer la formation continue des salariés. Les artistes-auteurs sont désormais assimilés à ce fonctionnement ; l'OPCA dont ils relèvent est l'Afdas. C'est donc à cet organisme que vous devez vous adresser pour suivre une formation.

Afdas
Siège social : 66, rue Stendhal, CS 32016, 75990 Paris Cedex 20
www.afdas.com
L'Afdas compte sept délégations régionales en régions, départements et territoires d'outre-mer.

Quelles formations peuvent être prises en charge ?

L'Afdas propose des formations dites « transversales », portant par exemple sur les langues étrangères, les logiciels de bureautique, la gestion, la comptabilité, la fiscalité, ou encore la communication. Plus spécifiquement, elle propose aussi des stages de formation « métier » : conception et réalisation de sites web, montage film et photo, formation 3D, typographie, mise en pages, etc. Elle propose également une liste d'organismes de formation (École nationale supérieure des beaux-arts, École nationale supérieure des arts décoratifs, École nationale supérieure de la création industrielle, notamment).

Enfin, en dehors des formations et organismes répertoriés par l'Afdas, vous pouvez aussi rechercher par vous-même la formation dont vous avez besoin et déposer un dossier de demande de financement. En revanche, dans ce dernier cas, votre demande sera d'abord examinée par une commission, qui la validera ou non. Par ailleurs, il est possible que seule une partie du financement soit prise en charge.

Quelles sont les conditions à remplir ?

Pour solliciter la prise en charge d'une formation auprès de l'Afdas, vous devez :

- être affilié à l'Agessa ou à la Maison des artistes ;
- ou être assujetti et justifier d'un montant de recettes cumulées de 9 000 € minimum sur les trois dernières années.

Comment procéder ?

Lorsque vous avez repéré la formation dont vous avez besoin, vous adressez un dossier de demande de financement à l'Afdas, comprenant :

- un formulaire de demande de prise en charge à télécharger sur le site (*www.afdas.com/auteurs*) ;
- une lettre de motivation et un curriculum vitae ;
- le devis et le programme de la formation retenue (les organismes de formation ont des fiches constituées à cet effet) ;
- un justificatif d'activité, selon votre situation. Cela peut-être : une attestation d'affiliation à la MdA ou à l'Agessa de l'année en cours ; une attestation fiscale ou un certificat de précompte pour les auteurs uniquement assujettis et déclarant leurs revenus en « traitements et salaires » ; une déclaration fiscale n° 2035 ou 2042 pour les auteurs assujettis déclarant leurs revenus en bénéfices non commerciaux.

Quels sont les délais ?

Votre dossier de demande de prise en charge doit parvenir à l'Afdas entre six mois et trois semaines avant le début de la formation. Attention, ne démarrez jamais une formation avant d'avoir reçu une notification écrite de cette prise en charge. Aussi solide et complet soit votre dossier, il peut toujours arriver qu'une demande de financement soit rejetée, notamment lorsque l'OPCA a épuisé ses budgets annuels.

Trop loin de chez vous ?

Le financement de la formation des auteurs par l'Afdas est très récent et l'offre de formation n'est pas encore très étendue. Il se peut donc que la formation de votre choix soit éloignée de chez vous. Dans ce cas, vous pouvez aussi solliciter l'Afdas pour que vos frais de transport et d'hébergement soient pris en charge. Attention, cette prise en charge n'est en rien systématique, car elle dépend des budgets annuels dont dispose l'Afdas. Le mieux est donc de contacter votre antenne locale et de demander si vous avez une chance d'obtenir cette aide supplémentaire. Par ailleurs, cette prise en charge dépend aussi de votre situation géographique par rapport au lieu du stage. À la fin de ce dernier, vous devrez envoyer un formulaire de « frais de transport et d'hébergement » à l'Afdas, en y joignant tous vos justificatifs : facture d'hôtel, billets de train originaux, photocopie de votre carte grise, facture de péage, de plein de carburant, etc.

››› Vous exercez en entreprise individuelle, en SARL, en EURL, ou vous êtes autoentrepreneur

Les travailleurs non salariés peuvent eux aussi bénéficier d'une prise en charge financière de leurs formations, dès lors qu'ils sont à jour dans leurs cotisations. Depuis 2011, les autoentrepreneurs sont eux aussi assujettis au versement d'une contribution à la formation professionnelle.

Les cotisations à la formation continue des travailleurs non salariés sont prélevées et gérées par des fonds d'assurance formation (FAF). Les activités de création artistique relevant des arts plastiques (code NAF 9003 et suivants) dépendent du fonds interprofessionnel de formation des professionnels libéraux (FIF-PL).

FIF-PL
104, rue de Miromesnil, 75 384 Paris Cedex 08
01 55 80 50 00, contact@fifpl.fr, *www.fifpl.fr*

Les démarches à effectuer sont similaires à celles de l'Afdas (voir ci-dessus), notamment concernant le choix de votre formation.

Où rechercher une formation ?

Même si vous ne relevez pas du statut d'artiste-auteur, vous trouverez parmi les organismes de formation « métier » mentionnés sur le site de l'Afdas des stages pouvant vous intéresser. Concernant la formation métier et la formation transverse, contactez directement le FIF-PL, ou bien consultez votre chambre de commerce et d'industrie, l'Association nationale pour la formation professionnelle des adultes (Afpa, *www.afpa.fr*), ou encore le portail interrégional de l'emploi (*www.intercariforef.org*).

Comment procéder ?

Consultez l'espace adhérent du site pour connaître les critères de prise en charge et les plafonds de financement possibles.
Attention, le FIF-PL attribue des plafonds et taux de prise en charge différents :

- selon que vous postulez à des formations liées ou non à votre pratique professionnelle (formation transverse ou « métier », pour reprendre les termes de l'Afdas) ; les formations liées à la pratique professionnelle et à la maîtrise de langues européennes sont déclarées prioritaires par rapport aux formations non liées à la pratique ;
- selon la durée de votre formation, courte ou longue (formation de 100 heures minimum, VAE, bilan de compétences...).

Par ailleurs, certaines catégories de formations sont déclarées prioritaires ou non.
Les critères et plafonds de prise en charge sont réévalués chaque année. Les frais d'hébergement et de transport ne sont pas pris en charge par le FIF-PL.
En théorie, vous avez jusqu'à la veille de votre dernier jour de stage pour faire parvenir votre demande de prise en charge au FIF-PL. Néanmoins, pour éviter les mauvaises surprises (refus d'une prise en charge de la formation, que vous devriez alors financer vous-même), nous vous conseillons de faire parvenir votre dossier le plus tôt possible, le délai de réponse étant de trois mois. Une fois la prise en charge acceptée et à l'issue de votre formation, vous devrez également faire parvenir au FIF-PL une attestation de règlement et de présence au stage, signée par le représentant de l'organisme de formation.

En cas de refus de prise en charge
Vous pouvez vous adresser à votre conseil général ou régional. Certaines collectivités territoriales disposent de budgets pour la formation des travailleurs indépendants et dirigeants d'entreprise.
Où s'adresser ?
Contactez votre direction régionale des entreprises, de la concurrence, de la consommation, du travail et de l'emploi (Direccte), liste des Direccte disponible sur *direccte.gouv.fr*.

Pensez-y aussi !
Si vous êtes inscrit à Pôle emploi, vous pouvez solliciter des stages de formation continue.
Si vous êtes salarié à temps partiel, vous bénéficiez de droits à la formation continue au prorata de vos heures de présence dans l'entreprise.

››› En Belgique
Les indépendants et salariés d'entreprises de moins de 250 salariés peuvent bénéficier de chèques-formation financés à 50 % par la région wallonne. Concrètement, un chèque d'une valeur de 30 € vous reviendra à 15 €. Ces chèques sont utilisables dans les centres agréés par la région.

Renseignements : auprès des conseillers en ressources humaines du Forem, dans les carrefours emploi formation orientation ou les maisons de l'emploi, dont vous trouverez les coordonnées sur le site du Forem (*www.leforem.be*). Voir également le site de l'emploi et de la formation professionnelle de la Région Wallonie : *emploi.wallonie.be*.

Si vous êtes demandeur d'emploi, vous pouvez aussi accéder à la formation par l'intermédiaire d'Actiris, en particulier en langues. Pour les demandeurs d'emploi ne percevant pas d'allocation, il existe une allocation de formation.

Renseignements : dans votre antenne Actiris ou sur *www.actiris.be*, rubrique « Formations ».
Vous trouverez des interlocuteurs pouvant aussi vous guider en matière de validation des acquis auprès de ces mêmes organismes.

››› Au Luxembourg

En tant que chef d'entreprise individuelle ou de société légalement établie au Luxembourg et y exerçant principalement son activité, vous pouvez bénéficier d'un soutien à la formation professionnelle continue de la part de l'État. Ce soutien se traduit, entre autres, par deux dispositifs : le cofinancement et le congé individuel de formation.

Le portail *www.lifelong-learning.lu*, animé par l'Institut national pour le développement de la formation professionnelle continue (INFPC), est le site ressource pour préparer votre projet de formation. Votre première démarche consiste à construire votre projet à partir des informations que vous y trouverez : vos droits à la formation, les démarches à entreprendre, un répertoire d'organismes de formation. La formation doit vous permettre d'acquérir, maintenir ou étendre des compétences portant sur les techniques « métier », les langues, l'informatique et la bureautique, les finances, la comptabilité, le droit, ou encore le management. Elle peut être suivie en externe ou en interne, en e-learning. L'autoformation et la participation à une conférence, une foire ou un salon sont également considérées comme des actions de formation.

Le cofinancement de la formation professionnelle continue (FPC)

Il consiste en une aide financière de l'État (20 %) ou en une bonification d'impôt (14 %) 01 portant sur vos dépenses de formation. L'aide financière n'est pas une avance mais un remboursement d'un montant correspondant à une partie de ces dépenses, qui prennent notamment en compte :

- vos revenus 02 ou les salaires de vos collaborateurs ;
- la rémunération du ou des formateurs (facture de l'organisme de formation) ;
- les frais de déplacement, d'hébergement et de restauration ;
- les frais administratifs, etc.

Les formations dispensées à l'étranger sont également éligibles au dispositif. Pour toute information concernant votre dossier de cofinancement, contactez les services de l'INFPC.

Le congé formation ou congé individuel de formation

Ce dispositif permet à tout salarié ou travailleur indépendant affilié depuis au moins deux ans à la Sécurité sociale de bénéficier de 80 jours de congé au cours de sa carrière professionnelle pour

01
Ces taux sont respectivement majorés de 15 % et 11 % si l'action de formation concerne une personne non diplômée dont l'ancienneté est supérieure à 10 ans, ou une personne âgée de plus de 45 ans.

02
Calculés à partir du revenu imposable déclaré l'année précédente.

03
Le résultat est arrondi, le cas échéant, à l'unité inférieure.

suivre la formation de son choix. L'aide de l'État consiste en une indemnité compensatoire couvrant les jours de formation.
Le nombre total de jours de congé-formation dépend de la durée (en heures) de la formation, durée définie par l'organisme de formation. Le nombre d'heures de formation est converti en nombre de journées de travail : 8 heures de formation correspondent à un jour de travail. Le quotient ainsi calculé est divisé par trois pour obtenir le nombre de jours de congé-formation 03.
Par ailleurs, les frais de formation restant à la charge de l'indépendant sont déductibles fiscalement.

Renseignements
Institut national pour le développement de la formation professionnelle continue (INFPC)
38, rue de l'Avenir
L-1147 Luxembourg
Tél. : + 352 46 96 12 1
Infoligne: + 352 26 20 40
infoligne@infpc.lu/www.infpc.lu
www.lifelong-learning.lu

››› En Suisse

La formation continue fait actuellement l'objet d'une profonde réflexion, comme en témoigne la loi de juin 2014, qui vise à unifier les règles en matière de financement de la formation continue. Néanmoins, les cantons restent vos principaux interlocuteurs s'agissant de savoir de quelle façon vous pouvez obtenir une aide financière afin de suivre une formation continue (frais déductibles des impôts, bourse, prêt avantageux...).

Renseignements : auprès du service formation de votre administration cantonale.
Offices de la formation professionnelle et de l'orientation professionnelle : *www.adresses.csfo.ch*. Le site *boursesdetudes.educa.ch* regroupe les aides possibles en matière de formation.

Vous trouverez également dans ces mêmes organismes des interlocuteurs pouvant vous guider en matière de validation des acquis. Vous pouvez aussi contacter le service formation de la Swiss Graphic Designers (*www.sgd.ch*), très engagée dans la formation initiale et continue des designers. Vous trouverez sur son site toutes les modalités pour suivre la formation (longue, sur deux ans) et passer l'EPS (examen professionnel supérieur) de designer graphique, qui comprend aussi bien des compétences liées au métier que des compétences de gestion d'entreprise. L'association dispense aussi des cours de droit à ses adhérents. Enfin, Syndicom (*www.syndicom.ch*), via son centre de formation Hélias (*www.helias.ch*), développe une offre de perfectionnement par modules (nouvelles technologies) à l'attention de ses adhérents.

ÉVOLUER VIA LA VAE

La validation des acquis de l'expérience (VAE) est un dispositif qui permet à toute personne de demander que soient reconnues et validées par un diplôme des compétences acquises « sur le tas » au cours de sa vie professionnelle, sur une période au moins égale à trois ans. Si vous obtenez votre VAE, vous pourrez donc ajouter l'un des diplômes nationaux d'arts plastiques à votre CV et compléter votre formation initiale sans avoir à passer deux à trois ans dans une école. Cela peut être utile si vous souhaitez postuler plus facilement à un marché public, enseigner dans une école, effectuer une mission pour laquelle un diplôme est exigé, etc. Attention, ayez bien conscience que la VAE n'est pas un programme de formation, mais de vérification de vos compétences.
Toute la difficulté du dispositif consiste à rechercher dans votre expérience professionnelle les éléments qui vous permettront de démontrer au jury que vous possédez déjà le niveau de connaissances exigé par le diplôme. Vous n'assisterez donc à aucun cours, mais à des séances de préparation, et le jury se montrera aussi exigeant envers vous qu'envers les étudiants ayant suivi le cursus en formation initiale ou continue.

››› **Quelles sont les compétences évaluées par le jury ?**
Suivant les diplômes, il s'agit de vos capacités à :
- analyser les besoins du client, la problématique posée ;
- concevoir des propositions singulières ou innovantes ;
- conduire un projet ;
- effectuer le suivi de la fabrication ;
- concevoir et délivrer un enseignement, évaluer des élèves, etc.

Vos connaissances théoriques en histoire de l'art et en esthétique, votre culture générale artistique et la qualité de vos travaux seront aussi évaluées.

››› Quel diplôme pouvez-vous obtenir ?

L'un des trois diplômes nationaux d'arts plastiques :
- diplôme national d'art et techniques (bac + 3) ;
- diplôme national d'arts plastiques (bac + 3) ;
- diplôme national supérieur d'expressions plastiques (bac + 5).

Mentions possibles : art, communication, design.

››› Comment la VAE se déroule-t-elle ?

Vous remplissez tout d'abord un « livret de recevabilité », qui indique le diplôme que vous souhaitez obtenir, détaille votre formation et l'activité qui vous a permis d'obtenir les compétences que vous voulez voir reconnues. Le jury examine ensuite votre dossier et accepte ou non votre candidature. Si votre candidature est acceptée, vous montez votre livret de validation des acquis, qui décrit les activités que vous avez menées, les circonstances dans lesquelles vous avez exercé vos compétences. Ce dossier se prépare sur une durée pouvant aller de six à neuf mois, suivant les écoles. En fonction des établissements, un accompagnement méthodologique peut vous être proposé. Ce suivi a pour objectif de vous aider à mettre en avant vos compétences en « collant » le plus possible au contenu du diplôme auquel vous postulez. L'entretien avec le jury est la phase finale de la démarche. Il se compose d'une première intervention, qui vous permet de rappeler votre parcours et vos motivations pour obtenir le diplôme. Vous présentez ensuite votre livret de VAE, au cours d'une présentation formelle, méthodologique et raisonnée faisant ressortir vos compétences.

À l'issue de l'entretien, trois options sont possibles :
- le jury vous attribue le diplôme demandé ;
- le jury ne vous accorde pas le diplôme ;
- le jury ne valide que partiellement votre diplôme, et vous avez alors cinq ans pour compléter vos acquis. Le jury peut vous indiquer les actions à mener : suivre des modules de formation, rédiger un mémoire, réaliser une étude de cas qu'il vous soumettra.

Un bon accompagnement est essentiel pour éviter le rejet total de votre demande de validation, mais aussi pour vous aider à rebondir sans vous essouffler si votre diplôme n'est que partiellement validé.

››› Coût de la VAE

Pour les centres VAE relevant du ministère de la Culture, quelle que soit votre situation, vous devez effectuer un premier versement de 80 € au moment du dépôt de votre dossier de recevabilité. Puis, selon votre situation, vous acquitterez :

→ 780 € si vous bénéficiez d'un financement par un tiers (Pôle emploi, collectivité territoriale ou employeur si vous avez une activité salariée) ;

→ 350 € si vous ne pouvez pas bénéficier d'une prise en charge par un tiers.

Par ailleurs, une prestation d'accompagnement facultative de 450 € vous est proposée. Malgré son coût, ne négligez pas cette aide, qui vous permettra de préparer au mieux votre entretien avec le jury. Les frais de VAE sont assimilés aux frais de formation professionnelle. Contactez donc l'AFDAS ou le FIF-PL pour savoir si vous pouvez bénéficier d'une prise en charge.

››› Témoignage

Toute jeune étudiante, son bac d'arts appliqués mention volumes architecturaux en poche, Noémie tente le concours d'entrée à l'ESAD de Strasbourg, mais, malheureusement, échoue. Elle devient alors dessinatrice pour des cabinets d'architecture. Après une dizaine d'années, sentant que son absence de diplôme la pénalise, elle franchit le pas et s'installe comme graphiste free-lance. Elle met à profit son expérience de salariée et trouve de nombreux clients dans les secteurs de l'immobilier et de l'architecture.
Alors qu'une opportunité d'enseigner lui échappe, toujours en raison de son absence de diplôme, Noémie décide de valoriser son expérience et d'engager une démarche de VAE.

« J'habite la région parisienne, mais le cursus qui me correspondait le plus était le DNAT design graphique d'une école de province. J'ai déposé mon dossier en septembre 2007. Mieux vaut prendre le temps de le rédiger très soigneusement, car c'est sur ce dossier que l'on est jugé apte (ou non !) à suivre la démarche ; en plus du formulaire à remplir, il fallait joindre une lettre de motivation, plusieurs illustrations et un mini-book de quatre pages. En octobre, le directeur m'a appelée directement. Compte tenu de la distance, il voulait m'épargner un déplacement, mais il souhaitait vérifier

ma motivation. Heureusement, j'avais solidement travaillé mon projet ; sur 15 candidats, nous n'avons été que 4 à être retenus pour suivre la VAE.
De mon admission jusqu'au mois de juin 2008, six rendez-vous d'accompagnement ont eu lieu. Ces séances m'ont aidée tout d'abord à choisir, parmi tous les travaux réalisés pour des clients, celui que j'allais présenter au jury. J'ai retenu un travail de refonte d'identité graphique réalisé pour un cabinet d'architecture. Pour ce projet, qui s'était étalé sur 18 mois, j'avais travaillé avec un rédacteur et un photographe. J'ai dû me replonger dans mes archives et retracer tout le cheminement effectué : comment j'avais interprété le brief, élaboré les premières solutions, mes échanges avec le client et les deux autres créatifs, l'évolution, le suivi, la réalisation, etc. En bref, il fallait expliquer ce que j'avais fait et pourquoi. Les entretiens individuels ont pour but de nous accompagner et de répondre à toutes les questions qui se posent au cours de cette démarche : comment choisir le projet à présenter, quelle méthodologie adopter, comment présenter son projet, etc.
L'entretien avec le jury a eu lieu en septembre. La veille, j'avais eu la journée pour installer un stand de présentation de mes travaux ; il est très important de ne pas négliger cette mise en place. L'entretien en lui-même a duré une heure, partagée entre la présentation de mon parcours et celle de mon projet. Le jury était composé d'un représentant du ministère de la Culture, de deux professeurs (arts plastiques et histoire de l'art) et du DA d'une grande agence. J'ai été reçue, de même que les trois autres candidats. Que mon expérience soit reconnue et validée par un diplôme est une immense satisfaction personnelle. Sur le plan professionnel, cela m'ouvre enfin des portes pour mes projets d'enseignement… »

Renseignements : pour toute information concernant la VAE des diplômes nationaux d'arts plastiques, consultez la direction générale de la Création artistique, sous-direction de l'emploi et de la formation (3, rue de Valois, 75001 Paris, tél. : 01 40 15 80 00).
Pour les questions administratives liées à la VAE, consultez le centre d'animation, de ressources et d'information sur la formation (CARIF) dont vous dépendez. Coordonnées sur *www.intercarif.org*. Vous pouvez aussi consulter le site *www.vae.gouv.fr*.

S'ASSOCIER, DÉFENDRE SA PROFESSION, SAVOIR À QUI S'ADRESSER

Travailleur indépendant ne veut pas dire travailleur solitaire… Dans de nombreux cas, vous apprécierez de pouvoir vous associer ou du moins vous regrouper avec d'autres créatifs. Par ailleurs, certains organismes ont pour vocation de soutenir la création par le biais de bourses, d'aides ou de concours. Nous vous indiquons les principaux d'entre eux.

ASSOCIATIONS D'ARTISTES

Le statut associatif n'est pas adapté à l'exercice d'une activité professionnelle. Il peut en revanche être très intéressant quand il s'agit de développer une structure de gestion de projets collectifs. Il est assez fréquent que des collectifs de créateurs le choisissent pour travailler ensemble. Une association vous permet d'éditer des fanzines, d'organiser des expositions, de porter une création collective, de louer un local, etc. Voici les principaux points à connaître concernant l'association de type loi 1901.

FORMALITÉS DE CRÉATION

La loi 1901 s'applique aux associations à but non lucratif, à l'exception des syndicats et des mutuelles. Les associations peuvent se créer librement, sans demande d'autorisation. Cependant, pour que les dirigeants aient la capacité juridique d'acheter, de percevoir des subventions, de louer ou d'embaucher, l'association doit être déclarée en préfecture. Procédez entre vous (il faut au moins deux personnes pour créer une association) à la tenue d'une assemblée générale constitutive. Au cours de cette assemblée, vous rédigerez les statuts et procéderez aux élections du bureau (le plus souvent, un président, un secrétaire, un trésorier). Veillez à ce que l'objet de votre association soit assez large pour englober la totalité des activités que vous prévoyez d'exercer ensemble. Les statuts, signés par les membres fondateurs, seront ensuite déposés en préfecture 01. Dès que la création est publiée au *Journal officiel* (en général, dans le mois qui suit), votre association peut fonctionner.

01
Les statuts contiennent :
- le nom, l'objet et le siège social de l'association ;
- les différentes catégories de membres (membres fondateurs, bienfaiteurs, associés…) et leur état-civil ;
- les conditions d'admission ;
- la composition et les conditions d'élection des membres du conseil d'administration ;
- la composition et le rôle de l'assemblée générale ;
- les modalités de constitution du bureau ;
- les modalités de dissolution.

Si vous prévoyez d'effectuer des transactions financières ou d'embaucher, vous devez vous adresser au centre des impôts pour obtenir un numéro Siren.
Pour tout renseignement sur la création et les activités d'une association, consultez le site *www.associations.gouv.fr*.

COMMENT UNE ASSOCIATION FONCTIONNE-T-ELLE ?

››› Quelles peuvent être les ressources de votre association ?

Une association est autorisée à percevoir des cotisations de ses membres. Ces cotisations peuvent être financières ou effectuées en nature (don de matériel). En dehors des cotisations, elle peut percevoir à tout moment des dons, aides, subventions, etc., aussi bien de la part de personnes physiques que de personnes morales. Il est toujours utile de préciser les apports de chacun ; en cas de dissolution, il vous sera ainsi possible de reprendre votre bien (en nature), si vous avez pris soin de l'enregistrer. Par ailleurs, la responsabilité des membres est limitée à leurs apports.
Votre association peut également percevoir des subventions de la part de l'État (par exemple, les ministères de la Culture, des Affaires étrangères, de l'Éducation nationale) ou des collectivités territoriales.

››› Votre association peut-elle avoir une activité commerciale ?

Fréquemment, les associations d'artistes ont pour objectif de vendre les œuvres de leurs membres. Cela est tout à fait légal, en respectant les deux conditions suivantes :

- vous devez systématiquement rédiger un contrat précisant, comme avec n'importe quel galeriste (voir p. 173), que l'association est mandataire, quelles seront les conditions de rémunération de l'artiste, à quelle date il récupérera ses œuvres, etc ;
- vous devez veiller à ne pas concurrencer les galeries d'art.

Les associations sont normalement exemptées d'impôts sur les sociétés, de taxe professionnelle et de TVA ; mais, s'il s'avère que vous adoptez une démarche commerciale (prix similaires aux galeries, diffusion publicitaire ou recettes supérieures à 60 000 € par an), le centre des impôts peut contester l'aspect non lucratif de votre association et requalifier celle-ci en activité commerciale.

01
Voir l'article 1992 du Code civil.

››› Est-il possible d'embaucher via une association ?

Bien entendu, une association peut devenir employeur. Vous pouvez même, dans certains cas, bénéficier de contrats aidés, proposant des allègements de charges sociales. Les démarches à effectuer sont les mêmes que celles que nous évoquions page 176 pour l'artiste-auteur. Contactez l'Urssaf de votre département.

››› Le statut des dirigeants

Les actes que les responsables d'une association accomplissent au nom de l'association sont susceptibles d'engager leur responsabilité personnelle. Et il n'est pas nécessaire d'être responsable en titre : vous êtes responsable « de fait » si vous assumez des responsabilités sans mandat (en utilisant le chéquier de l'association, par exemple). En cas de faute de gestion, vous pouvez ainsi être contraint à rembourser les dettes de l'association, si cette dernière est mise en liquidation judiciaire ou en redressement 01. C'est ce que l'on appelle la « responsabilité civile ». Une banque peut aussi vous demander de vous porter caution pour l'association si celle-ci sollicite un prêt. Réfléchissez avant d'accepter : la personne qui se porte caution est responsable des remboursements du prêt si l'association ne peut plus faire face aux échéances.
De la même façon, en tant que président d'une association, vous pouvez être poursuivi si cette dernière est impliquée dans une infraction... mais ce cas est heureusement très rare !

Enfin, s'il est possible de se faire rémunérer en tant que dirigeant d'association, sachez que cette pratique est très contraignante. D'un point de vue législatif, tout est mis en œuvre pour préserver l'aspect bénévole et désintéressé de l'association (renouvellement régulier des dirigeants, rémunérations fixées en leur absence). Sachez enfin que les subventions publiques sont refusées aux associations qui paient leurs responsables, car, encore une fois, le bénévolat demeure le fondement de la vie associative.

LES GRAPHISTES, UNE COMMUNAUTÉ PROFESSIONNELLE ?

Au quotidien, le vécu d'un graphiste qui s'installe n'est pas simple. Pour défendre ses tarifs, son statut de créatif professionnel face à des clients qui ne connaissent pas bien les contraintes du métier, faire valoir ses droits d'auteur, déceler les appels d'offres abusifs, mieux vaut ne pas rester isolé ou se replier sur soi. Connaître d'autres créatifs permet d'échanger des informations sur le marché, sur les nouveaux logiciels, etc. Cela évite également de broyer du noir, et aide à rester actif lorsque les commandes se font rares…

››› Communauté réelle ?

Même si vous ne souhaitez pas créer d'association ni former de collectif, ne négligez pas les opportunités de travailler en collaboration avec d'autres créatifs : graphiste, webdesigner, photographe, rédacteur, scénographe… Constituer un bon carnet d'adresses ne signifie pas seulement traquer les clients potentiels, mais aussi savoir où s'adresser lorsque plusieurs compétences sont nécessaires à une commande à laquelle vous souhaitez répondre. C'est aussi un moyen de pouvoir s'aider en cas de charrette, de se sous-traiter mutuellement des travaux et, ainsi, de ne pas perdre de clients. La réciprocité étant, bien entendu, une règle d'or…

››› Communauté virtuelle ?

Si vous n'avez pas l'opportunité de vous rapprocher d'autres indépendants de votre région, ne négligez pas les forums, blogs, pages Facebook et sites de graphistes. Vous y trouverez des conseils, des retours d'expérience sur les clients, les fournisseurs, les nouveaux logiciels, les techniques, les prix, etc. Mais, surtout, Internet est le lieu de très salutaires et vigoureux coups de gueule, de prises de position et de pétitions concernant l'actualité du graphisme, le statut professionnel, les pratiques abusives du marché, etc. Allez par exemple faire un tour sur la page Facebook d'*étapes:*, sur *www.kob-one.com*, *www.mariejulien.com*, *www.cfsl.net*, etc. Faites-vous votre propre sélection en ligne, l'essentiel étant de ne pas rester isolé, surtout en cas de conjoncture morose ou face à des clients peu scrupuleux.

AGIR

Rejoindre une association professionnelle ou un syndicat professionnel, c'est le moyen de trouver un lieu de ressources, d'actions collectives pour vous aider au quotidien dans votre activité, mais surtout pour (ré)agir face à certaines pratiques abusives du marché.

Plus largement, ces organismes ont pour mission de représenter les professionnels auprès des commissions professionnelles ou conseils d'administration des pouvoirs publics : Maison des artistes, Agessa, Drac, etc. Les syndicats professionnels ont pour mission d'être force de proposition pour ces institutions, autant que relais d'information sur le terrain. Ils permettent aux professionnels qu'ils représentent de se rencontrer.

››› En Europe

BEDA. Fondé en 1969, le Bureau of European Design Association (BEDA) regroupe 46 associations de promotion du design et syndicats professionnels de designers issus de pays européens. L'association contribue notamment à la reconnaissance du design comme outil d'innovation par les pouvoirs publics européens.*www.beda.org*

››› En France

L'Alliance française des designers. Syndicat professionnel pluridisciplinaire, l'AFD rassemble les professionnels du design graphique, web, espace, produit, photographique, quelle que soit leur forme juridique. L'AFD soutient et accompagne les designers en proposant, via son site et sa lettre mensuelle, de l'information très complète concernant la législation et ses évolutions, les aspects juridiques, fiscaux et sociaux des métiers du design, les manifestations... Elle a développé une assistance juridique et fiscale gratuite pour ses membres (réponse en 48 heures !). Surtout, grâce à un réseau de correspondants en régions, elle propose des rendez-vous réguliers, sous forme de cafés informels et conviviaux, qui sont autant d'occasions de rencontrer d'autres designers et d'échanger sur le métier.
www.alliance-francaise-des-designers.org

La Charte des auteurs et illustrateurs de jeunesse rassemble les créateurs de l'édition jeunesse. Elle diffuse des informations très complètes sur les droits d'auteur, la relation auteurs-éditeurs, ainsi qu'un programme de formation et un forum privé réservés à ses adhérents.
la-charte.fr

Le Comité des artistes-auteurs plasticiens (CAAP). Le CAAP a été créé par des artistes plasticiens et des graphistes. Vous trouverez sur son site des informations juridiques, économiques, sociales et

politiques liées aux arts visuels. Le CAAP propose aussi à ses adhérents du conseil juridique.
caap.asso.fr

Le Syndicat national des artistes plasticiens CGT. Le SNAP-CGT défend et représente les artistes plasticiens. Il dispose de plusieurs représentations en province. Il publie un *Guide de l'auteur d'œuvres plastiques et graphiques*.
www.snapcgt.org

Le Syndicat national des auteurs et compositeurs (SNAC). Le SNAC rassemble plusieurs groupements de professionnels : audiovisuel, bande dessinée, lettres, musique, théâtre, danse et variété. Il propose à ses membres assistance et conseil juridiques, ou des renseignements sur les usages professionnels.
www.snac.fr

L'Union nationale des peintres-illustrateurs (UNPI). L'UNPI défend les intérêts des peintres-illustrateurs. Elle diffuse une lettre trimestrielle et édite un *Guide sur la profession de peintre-illustrateur* à destination de ses membres.
www.unpi.net

L'Union des photographes professionnels / auteurs (UPP), anciennement Union des photographes créateurs (UPC). Elle offre à ses adhérents des services tels que des conseils juridiques, de l'information sur la profession, un barème indicatif de cession de droits d'auteur, une carte de photographe professionnel. Enfin, l'UPP édite des documents tels que des bordereaux contrats, des contrats de dépôt de photographies, mais aussi un guide, *Photographe-auteur : mode d'emploi*.
www.upp-auteurs.fr

››› En Belgique

L'Union des designers de Belgique (UDB) est une association professionnelle regroupant designers graphiques, designers industriels et de produits, designers et architectes d'intérieur. Association professionnelle nationale agréée, elle siège au Conseil supérieur des indépendants et des PME. L'UDB a pour objectif de promouvoir,

de protéger et de développer les intérêts professionnels, moraux et matériels de ses membres et de la profession en général. Elle diffuse une lettre mensuelle d'information, ainsi que des documents de référence tels que contrats types, barèmes de prix, etc. Chaque membre dispose sur le site de l'UDB d'un espace pour y décrire son profil et d'une présentation dans l'annuaire de l'UDB, envoyé chaque année à plus de 1 500 entreprises et institutions.
www.udb.org

››› Au Luxembourg

Design Luxembourg est une fédération luxembourgeoise qui regroupe les indépendants travaillant seuls ou en studio dans différents domaines de la communication visuelle. L'association a pour objectif de représenter et de promouvoir les professions du design auprès du grand public et des pouvoirs publics. Design Luxembourg, qui offre une plateforme permettant aux créatifs de se rencontrer, organise également des événements tels que des conférences, des concours, des forums interactifs, etc.
www.designluxembourg.lu

Design Friends est une association ouverte à toute personne s'intéressant au design, qu'elle soit ou non designer de métier. Ses activités comprennent l'organisation d'événements (conférences avec des personnalités reconnues du design, soirées, expositions, etc.).
www.designfriends.lu

››› En Suisse

La Swiss Graphic Designers (SGD) est une association professionnelle qui regroupe des créateurs en communication visuelle et en défend les intérêts économiques et professionnels. Elle propose à ses membres des outils d'aide à la gestion d'entreprise, des consultations juridiques, de l'information sur les dispositions légales telles que le droit d'auteur, des contrats types, une bibliographie sur les métiers du design, etc. La SGD publie un système de calcul des honoraires, disponible en français et en allemand. Par ailleurs interlocuteur de donneurs d'ordre du design, elle travaille à la mise en relation de clients et de designers, chacun des designers adhérents disposant d'une page de présentation sur son site. Au niveau institutionnel, elle s'engage pour la formation

initiale et continue. Enfin, elle organise le SGDay, forum international permettant chaque année à des professionnels de se rencontrer.
www.sgd.ch

Voir également en Suisse allemande, la **Schweizer Grafiker Verband (SGV)**, Union suisse des graphistes : *www.sgv.ch*.

Syndicom est le syndicat des médias et de la communication. Depuis 1999, il accueille également les apprentis et les étudiants en communication visuelle, les employés des ateliers de graphisme et des agences, les graphistes indépendants et les concepteurs visuels dans les nouveaux médias. Syndicom propose à ses adhérents des prestations telles que le conseil et la protection juridiques, la formation continue, ainsi que des conditions avantageuses auprès de différentes institutions. Le syndicat dispose de 16 secrétariats régionaux à travers la Confédération.
www.syndicom.ch

Suisse Culture est « l'organisation faîtière des associations des créateurs artistiques, des professionnels des médias et des sociétés de droits d'auteur de Suisse ». Vous trouverez dans la liste de ses membres les principales associations d'auteurs et d'artistes de la Confédération.
www.suisseculture.ch

ADRESSES UTILES

Être accompagné dans la création de votre entreprise, trouver des financements, vous renseigner sur la législation… Nous vous indiquons les principaux organismes auxquels vous adresser.

››› Artistes-auteurs

→ La Maison des artistes : *www.mda-securitesociale.org*
Les artistes affiliés à la MdA peuvent également adhérer à l'association de la Maison des artistes, *www.lamaisondesartistes.fr*. Cette adhésion (16 € annuels) leur permet de bénéficier des avantages suivants : une carte d'accès gratuit aux musées nationaux, une lettre d'information et une réunion mensuelle d'information et de rencontre entre artistes, des consultations juridiques gratuites spécialisées dans le droit des artistes… Ces consultations ont lieu un jeudi sur deux et sur rendez-vous, au siège de la MdA (le matin) ou par téléphone (l'après-midi).
→ Agessa : *www.agessa.org*
→ Centre national des arts plastiques : *www.cnap.fr*
→ Société des auteurs dans les arts graphiques et plastiques : *www.adagp.fr*
→ Institut national de la propriété industrielle : *www.inpi.fr*

CRÉATION D'ENTREPRISE

››› France

→ Agence pour la création d'entreprise : *www.apce.com*
Site de l'auto/microentreprise : *www.lautoentrepreneur.fr*
Urssaf : *www.urssaf.fr*
Administration française : *www.service-public.fr*

››› Belgique

→ Création d'entreprise : *economie.fgov.be ; www.1819.be*
→ Administration belge : *www.belgium.be*
→ Institut national d'assurances sociales pour travailleurs indépendants (INASTI) : *www.rsvz-inasti.fgov.be*
→ Office national de la sécurité sociale : *www.rsz.fgov.be*

››› Luxembourg

→ Chambre des métiers : *www.cdm.lu*
→ Informations et services officiels : *www.guichet.lu*
→ Agence nationale pour la promotion de l'innovation et de la recherche : *www.luxinnovation.lu*
→ Centre commun de la sécurité sociale : *www.ccss.lu*

››› Suisse

- Portail PME du secrétariat d'État à l'Économie : *www.kmu.admin.ch* ; *www.startBiz.ch*
- Caisses de compensation : *www.ahv-iv.info*
- Portail de l'administration fédérale suisse : *www.admin.ch*

SERVICES PUBLICS DE L'EMPLOI

››› France

Pôle emploi : *www.pole-emploi.fr*

››› Belgique

Le Forem (Wallonie) : *www.leforem.be* ; Actiris (Bruxelles) : *www.actiris.be*

››› Luxembourg

Agence pour le développement de l'emploi : *www.adem.public.lu*

››› Suisse

Espace emploi, offices régionaux de placement (ORP) : *www.espace-emploi.ch*

ACCÈS À LA LÉGISLATION

››› France

www.legifrance.gouv.fr

››› Belgique

www.ejustice.just.fgov.be

››› Luxembourg

www.legilux.public.lu

››› Suisse

www.admin.ch, rubrique « Droit fédéral »

››› Creative Europe

Si vous souhaitez développer un projet d'envergure européenne, il existe dans chacun des États membres de l'Union européenne des bureaux relais de programmes destinés à soutenir la culture et les médias. Ces relais ont pour fonction de vous aider à monter votre dossier pour bénéficier de financements européens.

France
Relais Culture Europe
132, rue du Faubourg-Saint-Denis, 75010 Paris
Tél. : +33(0) 1 53 40 95 10
www.europecreativefrance.eu

Belgique
Point Contact Culture Wallonie-Bruxelles
18, place Flagey b., 13 1050 Bruxelles
Tél. : +32 (0) 2 229 51 13
www.pcc-europe.be

Luxembourg
Relais culture Europe-Luxembourg / Agence luxembourgeoise d'action culturelle
Cercle – Place d'Armes
B.P. 267, L-2012 Luxembourg
Tél. : +352 46 49 46-22
www.rce.lu

››› France

→ Ministère de la Culture et de la Communication, directions régionales des affaires culturelles
Dans chaque région, la direction régionale des affaires culturelles est le représentant du ministère de la Culture. Vous y trouverez des informations sur les lieux de résidence, les ateliers, les aides à la création artistique de votre région et les aides à l'installation. Liste des Drac disponible sur *www.culturecommunication.gouv.fr*.

→ Centre national des arts plastiques
Le Cnap a pour mission d'encourager et de soutenir la création contemporaine en arts plastiques, mais aussi de promouvoir l'art contemporain. Cela passe, entre autres moyens, par l'attribution d'aides ponctuelles aux artistes et professionnels (allocations de recherches, bourses). Vous trouverez sur le site du Cnap un guide intitulé *140 aides privées et publiques en faveur des artistes*, régulièrement mis à jour.
www.cnap.fr

››› Luxembourg
Au Luxembourg, le ministère de la Culture est chargé, entre autres, de la promotion de la création artistique et des industries créatives.
→ Ministère de la Culture
4, boulevard Roosevelt
L-2450 Luxembourg
Tél. : +352 247-86600
www.mc.public.lu

→ Afin de prolonger l'expérience « Luxembourg, ville européenne de la culture 1995 », la ville de Luxembourg et le ministère de la Culture ont créé l'Agence luxembourgeoise d'action culturelle, lieu de ressources et d'information sur l'animation culturelle. Parmi ses missions : l'accompagnement des porteurs de projets, la diffusion des informations culturelles, la formation continue interdisciplinaire.
www.agenceculturelle.lu

→ Le portail Culture.lu, initié par le ministère de la Culture, a pour vocation d'informer les acteurs culturels des opportunités de développement professionnel. Le design fait partie des secteurs d'activités présents sur ce portail.
www.culture.lu

››› Suisse
Cantons
Chaque canton a développé, à travers son service des affaires culturelles, une politique d'aide à la création artistique : bourses de création, prix, concours, mécénat… Le soutien financier ne porte pas sur l'installation à son compte, mais bien sur des projets uniques permettant de développer un travail d'expression artistique person-

nelle. Il est aussi possible de bénéficier de séjours en ateliers ou de résidences artistiques, généralement de trois à six mois, en Suisse ou à l'étranger : Berlin, New York, Amsterdam, Paris...
Adressez-vous à votre administration communale pour connaître les aides proposées et les modalités de participation.

Confédération

↘ Pro Helvetia

« La fondation suisse pour la culture Pro Helvetia est une fondation de droit public entièrement financée par la Confédération. Elle agit de manière subsidiaire, c'est-à-dire en complétant l'encouragement de la culture qu'assurent les cantons et les communes. Pro Helvetia s'occupe de projets de portée nationale. » (*www.prohelvetia.ch*)
Pro Helvetia a pour mission d'encourager la création artistique, mais aussi de contribuer à sa diffusion, à la médiation et aux échanges culturels.

↘ L'Office fédéral de la culture organise chaque année les Swiss Design Awards, concours ouvert aux différentes disciplines du design, en particulier le design graphique, la photographie, le design produit et objet, la mode et le textile, ou encore la scénographie. Chaque année, les 20 lauréats retenus choisissent entre des prix en espèces (pour des montants de CHF 25 000), des stages dans des agences de design renommées ou des ateliers libres à l'étranger. En outre, ce concours étant conçu comme une vitrine du design suisse, les candidats ayant accédé au second tour participent à une exposition à Bâle et sont présentés sur le site Internet du concours.
Office fédéral de la culture
Hallwylstrasse 15, 3003 Berne
Tél. : 00 41 58 462 92 66, *www.bak.admin.ch*
Encouragement du design
Tél. : 00 41 31 322 92 77, *www.swissdesignawards.ch*

Par ailleurs, l'Office fédéral de la culture a développé, en partenariat avec le pour-cent culturel Migros, un répertoire en ligne qui recense, par canton ou métier, les institutions publiques ou privées auprès desquelles vous pouvez postuler pour un soutien financier à vos projets culturels.
www.promotionculturelle.ch

04

ANNEXES, INDEX

ANNEXES, INDEX

→ Annexes

ANNEXES

PO i

DÉCLARATION DE DÉBUT D'ACTIVITÉ

RÉSERVÉ AU CFE G I D

Déclaration n° ______

Reçue le ______

Transmise le ______

cerfa N° 11921*03

PERSONNE PHYSIQUE

EXERCICE D'UNE ACTIVITÉ NON SALARIÉE INDÉPENDANTE RELEVANT DU CFE IMPÔT

Cet imprimé ne concerne pas les activités commerciales, industrielle, artisanale, batellerie, agricole, libérale et assimilée, agent commercial.

1 Avez-vous déjà exercé une activité non salariée ☐ oui ☐ non Si oui, rappelez votre numéro unique d'identification

REMPLIR DANS TOUS LES CAS les cadres n° 1, 2, 4, 5, 7, 10, 12, 13. Selon votre situation les cadres n° 3, 6, 8, 9, 11

DÉCLARATION RELATIVE À LA PERSONNE

2 **NOM DE NAISSANCE** ______
Nom d'usage ______
Prénoms ______ Sexe ☐ M ☐ F
Né(e) le Dépt. Commune / Pays si à l'étranger ______

Domicile personnel : *rés., bât., n°, voie, lieu-dit*
Code postal Commune / Pays si à l'étranger ______

3 **ENTREPRENEUR INDIVIDUEL À RESPONSABILITÉ LIMITÉE (EIRL)**
☐ Déclaration initiale d'affectation de patrimoine ou reprise d'un patrimoine affecté : *Vous devez remplir l'intercalaire PEIRL Impôt.*

DÉCLARATION RELATIVE À L'ACTIVITÉ

4 **Vous exercez votre activité à :**
☐ **Votre domicile personnel**, *passez directement au cadre 5*
☐ **Une adresse professionnelle**, *indiquez celle-ci au cadre 6*

5 **DATE DE DÉBUT D'ACTIVITÉ**
Activité ☐ Permanente ☐ Saisonnière
Activité(s) exercée(s) ______
Si plusieurs activités mentionnées, indiquez la plus importante : ______

6 **ADRESSE PROFESSIONNELLE** *(Rés., bât., app., étage, N°, voie, lieu-dit)*
Code postal Commune ______

7 **ORIGINE DE L'ACTIVITÉ :** ☐ Création ☐ Reprise
Précédent exploitant : Numéro unique d'identification
Nom de naissance ______
Nom d'usage ______ Prénoms ______
Dénomination ______

DÉCLARATION RELATIVE À L'EXPLOITATION EN COMMUN

8 **NOM DE L'EXPLOITATION EN COMMUN** ______ Si attribué, N° unique d'identification

9 IDENTITÉ DES CO-EXPLOITANTS

NOM DE NAISSANCE ______
Nom d'usage ______
Prénoms ______
Né(e) le
Dépt. Commune / Pays *si à l'étranger* ______
Domicile personnel : *rés., bât., n°, voie, lieu-dit* ______
Code postal Commune / Pays *si à l'étranger* ______

NOM DE NAISSANCE ______
Nom d'usage ______
Prénoms ______
Né(e) le
Dépt. Commune / Pays *si à l'étranger* ______
Domicile personnel : *rés., bât., n°, voie, lieu-dit* ______
Code postal Commune / Pays *si à l'étranger* ______

Elle leur garantit un droit d'accès et de rectification pour les données les concernant, auprès des organismes destinataires de ce formulaire.

9 IDENTITÉ DES CO-EXPLOITANTS

NOM DE NAISSANCE ______	**NOM DE NAISSANCE** ______
Nom d'usage ______	Nom d'usage ______
Prénoms ______	Prénoms ______
Né(e) le ⎿⏊⏊⏊⏊⏊⏊⏊⏌	Né(e) le ⎿⏊⏊⏊⏊⏊⏊⏊⏌
Dépt. ⎿⏊⏊⏌ Commune / Pays *si à l'étranger* ______	Dépt. ⎿⏊⏊⏌ Commune / Pays *si à l'étranger* ______
Domicile personnel : *rés., bât., n°, voie, lieu-dit* ______	**Domicile personnel :** *rés., bât., n°, voie, lieu-dit* ______
Code postal ⎿⏊⏊⏊⏊⏌ Commune / Pays *si à l'étranger* ______	Code postal ⎿⏊⏊⏊⏊⏌ Commune / Pays *si à l'étranger* ______

OPTION(S) FISCALE(S) HORS EIRL

10

B.I.C :

- ❒ Micro
- ❒ Réel simplifié
- ❒ Réel normal

Date de clôture de l'exercice comptable (jour, mois) ⎿⏊⏊⏊⏌

T.V.A : ❒ Franchise en base ❒ Réel simplifié ❒ Réel normal ❒ Mini-réel

❒ Assujettissement à la TVA en cas d'opérations imposables sur option.

❒ Option pour le dépôt d'une déclaration annuelle de régularisation portant sur l'exercice comptable.

❒ Option pour le dépôt de déclarations trimestrielles, si TVA estimée inférieure à un plafond de 4 000 €/an.

B.N.C :

- ❒ Régime spécial B.N.C (fiscal micro)
- ❒ Déclaration contrôlée, dans ce cas :
- ❒ Option pour la tenue d'une comptabilité créances/dettes

T.V.A : ❒ Franchise en base ❒ Réel simplifié ❒ Réel normal

❒ Option pour le dépôt de déclarations trimestrielles, si TVA estimée inférieure à un plafond de 4 000 €/an.

RENSEIGNEMENTS COMPLÉMENTAIRES

11 **OBSERVATIONS :**

12 **ADRESSE de correspondance** ❒ Déclarée au cadre n° ____ ❒ Autre ______

______ Code postal ⎿⏊⏊⏊⏊⏌ Commune ______

Tél ______ Tél ______

Fax / mèl ______

Le présent document constitue déclaration aux services fiscaux, à l'INSEE et au RSEIRL.
La déclaration sur l'honneur est définie par la loi.
Si vous remplissez délibérément cette déclaration de manière inexacte ou incomplète, vous vous exposerez à des poursuites.

13 ❒ **LE DÉCLARANT** *Désigné au cadre 2*

❒ **LE MANDATAIRE** *ayant procuration*
nom, prénom/dénomination et adresse

Certifie l'exactitude des renseignements donnés

Fait à ______

Le ______

Formulaire PEIRL : ❒ oui ❒ non

Déclaration n° ______

SIGNATURE

La loi n° 78-17 du 6 janvier 1978 modifiée, relative à l'informatique, aux fichiers et aux libertés, s'applique aux réponses des personnes physiques à ce questionnaire.

P0 i

cerfa
N° 50913#03

NOTICE – DÉCLARATION DE DÉBUT D'ACTIVITÉ

PERSONNE PHYSIQUE exerçant une activité non salariée relevant du CFE impôt

Merci de bien vouloir fournir les renseignements demandés qui ont un caractère obligatoire. Vous éviterez ainsi les relances des organismes destinataires.

QUELQUES DÉFINITIONS ET CONSIGNES DE REMPLISSAGE

1 **En cas de reprise d'activité** : Rappel du numéro unique d'identification (n° siren) antérieurement attribué par l'Insee.

IDENTITÉ

2 **Nom de naissance** : Nom figurant sur les actes d'état civil et papiers d'identité (appelé aussi nom patronymique, nom de famille).

Nom d'usage : Il doit être indiqué uniquement s'il est différent du nom de naissance et effectivement utilisé. Il peut être soit les noms accolés des deux parents, soit pour les personnes mariées, le nom de naissance suivi ou précédé du nom du conjoint ou le seul nom de l'autre époux.

Pays : À mentionner si le domicile, le lieu de naissance est à l'étranger.

3 **Entrepreneur individuel à responsabilité limitée (EIRL)**

Déclaration d'affectation de patrimoine (EIRL)

La constitution du patrimoine affecté se compose **d'une déclaration d'affectation**, accompagnée le cas échéant des documents attestant de l'accomplissement des formalités (biens immobiliers, biens communs ou indivis, bien d'une valeur unitaire supérieure à 30 000 €).

Elle doit être déposée au greffe du tribunal statuant en matière commerciale du lieu de votre établissement principal.

En cas de reprise de patrimoine affecté par voie de succession, cession à titre onéreux ou transmission à titre gratuit, vous devez indiquer le numéro d'immatriculation au registre et la dénomination du précédent EIRL.

Vous devez porter sur tous vos actes et documents votre **dénomination** incorporant votre nom ou nom d'usage utilisé pour l'exercice de l'activité, précédé ou suivi immédiatement et lisiblement des mots : « Entrepreneur individuel à responsabilité limitée » ou des initiales « EIRL ».

Vous êtes tenu à l'obligation de **dépôt de vos comptes annuels**. Il est donc nécessaire de préciser la date de clôture de l'exercice comptable.

Si la création de votre EIRL ne concerne qu'une partie de vos activités, vous devez indiquer dans l'intercalaire PEIRL vos options fiscales pour l'EIRL (cadre 7) mais vous devez aussi renseigner la rubrique « options fiscales » du formulaire P0 pour la ou les activités situées en dehors de l'EIRL, y compris si vous choisissez les mêmes options.

L'activité professionnelle exercée par l'EIRL, relève en principe de l'impôt sur le revenu (IR), cependant vous pouvez opter pour le régime fiscal des sociétés de capitaux (impôt sur les sociétés ou IS). L'option pour l'impôt sur les sociétés vous engage à opter pour un régime réel de TVA. Indiquez votre choix entre le réel normal et le réel simplifié tant pour la TVA que pour l'impôt sur les sociétés.

Un mineur peut être autorisé, par ses deux parents qui exercent en commun l'autorité parentale ou par son administrateur légal sous contrôle judiciaire avec l'autorisation du juge des tutelles, à accomplir seul les actes constitutifs à la création d'EIRL.

ACTIVITÉ

5 **Activité** : **Indiquez les différentes activités exercées. Précisez celle que** vous considérez comme la plus importante. Elle déterminera votre code APE (activité principale exercée) attribué par l'Insee.

DÉCLARATION D'UNE EXPLOITATION EN COMMUN

8 À remplir uniquement en cas d'exploitation en commun, société de fait, société en participation. Indiquez le nom de l'exploitant en commun, et si celle-ci existe préalablement à l'arrivée du nouveau co-exploitant, le numéro d'identification de l'exploitation en commun. Indiquer l'identité de chaque co-exploitant au cadre 9.

OPTION(S) FISCALE(S)

10 Pour vous aider à compléter ce cadre, vous pouvez consulter sur le site ***impôts.gouv.fr***

- **Le livret fiscal du créateur d'entreprise** (rubrique professionnels > vos préoccupations > création d'activité)
- **Le guide pratique N° 974 (BIC-BNC)** (rubrique recherche > recherche formulaires puis « 974 » dans le champ Numéro d'imprimé).

RENSEIGNEMENTS COMPLÉMENTAIRES

11 **Observations** : permet de préciser une situation particulière.

12 Indiquez les coordonnées postale, téléphonique, électronique où vous souhaitez être joint.

La Maison des Artistes
SÉCURITÉ SOCIALE
60 rue du Faubourg Poissonnière - 75484 PARIS CEDEX 10
www.mda-securitesociale.org

DÉCLARATION DE DÉBUT D'EXERCICE

☐ Madame ☐ Monsieur

Nom :

Nom d'usage :

Prénom :

Pseudonyme :

Adresse :

Code postal : ☐☐☐☐☐ Ville :

Date de naissance : Lieu de naissance :

E-mail : Téléphone : ☐☐☐☐☐☐☐☐☐☐

N° de Sécurité sociale : ☐☐☐☐☐☐☐☐☐☐☐☐☐ ☐☐

Activité artistique principale : ☐ Peintre ☐ Graphiste ☐ Créateur de mosaïques murales ☐ Dessinateur ☐ Sculpteur ☐ Plasticien ☐ Créateur de vitraux ☐ Dessinateur textile ☐ Graveur ☐ Illustrateur ☐ Créateur de tapisseries et textiles muraux

Activité artistique secondaire :

Date de début d'exercice : N° Siret : ☐☐☐☐☐☐☐☐☐ ☐☐☐☐☐

Je demande que ce document soit instruit en vue de mon recensement par la Maison des Artistes, organisme agréé par l'Etat pour la gestion de la branche des arts graphiques et plastiques des assurances sociales instituées par l'article L382-1 du code de la Sécurité sociale.

Fait à .... le ....

Signature
(si vous choisissez l'envoi postal)

Envoi par courrier postal

- Imprimez et signez votre déclaration.
- Joignez la copie d'une **facture d'une vente** que vous avez réalisée *(en l'absence de celle-ci nous ne serons pas en mesure de traiter votre dossier).*
- Adressez le tout à :
Maison des Artistes
Sécurité sociale
Service Auteurs
60 rue du Faubourg Poissonnière
75484 PARIS CEDEX 10

Envoi par courriel

- Cliquez sur le bouton "Envoyer" ci-dessous.
- Vérifiez dans le fichier joint à votre envoi que toutes les données saisies ont bien été sauvegardées.
- Joignez à votre mail le fichier d'une **facture d'une vente** que vous avez réalisée *(en l'absence de celle-ci nous ne serons pas en mesure de traiter votre dossier).*

Envoyer

A-D-001-201408

››› **Annexe 2**
Source : Maison des artistes.

agessa

21 bis, rue de Bruxelles
75439 Paris Cedex 09
tél. : 01 48 78 25 00
www.agessa.org

Service diffuseurs
fax : 01 48 78 60 00
Courriel : diffuseurs@agessa.org

NOTICE EXPLICATIVE DE LA CESSION DES DROITS DE REPRODUCTION ET/OU DE REPRESENTATION – n° 17

FORME DE LA CESSION DES DROITS

Etablir un écrit désignant les parties co-contractantes

Signé par l'(es)auteur(s) d'une part et **l'éditeur, le diffuseur ou l'exploitant commercial** d'autre part (dans le cas où le document comporte plusieurs pages chaque page doit être paraphée par chacune des parties signataires).

Contenu de l'écrit

Description des droits et obligations des deux parties contractantes (cf. ci-dessous « objet de la cession »).

Intitulé de l'écrit

Contrat ou note de cession de droits.

OBJET DE LA CESSION DES DROITS

Définir l'oeuvre créée par l'auteur

Garantir à l'exploitant commercial, l'éditeur ou le diffuseur l'originalité de l'oeuvre (création intellectuelle ou artistique). La loi sur la propriété intellectuelle ne protège pas les idées en tant que telles, mais l'expression des idées, leur traitement, leur dévoloppement.

Définir les obligations de l'auteur

Date de remise de l'oeuvre à l'exploitant commercial, l'éditeur ou le diffuseur.

Remise des originaux ou de copies permettant la reproduction de l'oeuvre.

Corrections ou modifications apportées par l'auteur.

Définir les obligations de l'exploitant

Paiement des droits

- ...à valoir ; ...€ à la signature ; ...€ à la remise de l'œuvre ; ...€ lors de la première exploitation de l'œuvre ; ...% sur le prix de vente H.T. au public de l'oeuvre ou du support de reproduction.

Assurer à l'oeuvre une exploitation commerciale permanente et suivie

- dans la recherche du meilleur profit et, le cas échéant, dans des conditions conformes aux usages de la profession.

››› **Annexe 3**
Source : Agessa.

Respect du droit moral de l'auteur (droit au respect de son nom, de sa qualité et de son oeuvre). Celui-ci est incessible et inaliénable.

Prendre à sa charge, les risques et périls, les frais d'exploitation de l'oeuvre.

Définir l'étendue de la cession des droits

Droits de reproduction et/ou de représentation :

Forme de la reproduction

Il convient de décrire sur quel(s) support(s) ou procédé(s) de fixation matérielle de l'oeuvre, l'auteur autorise la reproduction de son oeuvre et autant que faire se peut de préciser le format.

A titre d'exemples citons : affiches, dépliants, journaux, livres, disques, bandes magnétiques, cartes mémoire, disk pack, diapositives, microfilms, sans que cette liste soit limitative.

Forme de la représentation

Il s'agit pour l'exploitant commercial, l'éditeur ou le diffuseur de pouvoir « montrer » l'oeuvre dans les lieux publics sous forme de représentation, dans les théâtres, à la radio (pour les textes), à la télévision. L'oeuvre est montrée sous sa forme originale à partir de(s) l'exemplaire(s) remis à l'éditeur, l'exploitant commercial ou le diffuseur. Le contrat de représentation est conclu pour une durée limitée ou pour un nombre déterminé de communications au public.

Territoire

France et/ou étranger, voir tout l'univers (expression souvent employée en prévision des diffusions par satellites).

La durée de la cession

Exemples :

.1 mois pour telle campagne d'affichage
.1 an pour telle communication de presse

Définir les droits dérivés

- Cession à un tiers éditeur, diffuseur ou exploitant commercial.

- Adaptation, traduction.

- Merchandising (exploitation de l'oeuvre sous forme de personnages popularisés pour vêtements, verrerie, horlogerie ou vente de tout produit ou service...).

- Reprographie.

Définir, le cas échéant, un droit de préférence

- Pour des oeuvres de même nature et pour un nombre limité (domaine de l'édition).

Tableau de conservation des documents	
Documents à conserver	Délais de conservation (durée minimale)
Documents fiscaux : déclaration de revenus	3 ans (mais voir note ci-dessous)
Documents fiscaux : preuves de paiement	4 ans (mais voir note ci-dessous)
Documents bancaires : relevés de compte, talons de chéquiers, remises de chèques ou d'espèces, virements, prélèvements	5 ans (mais voir note ci-dessous)
Contrat d'assurance habitation et automobile	Durée du contrat + 2 ans (quittance, primes et preuves de règlement : 2 ans)
Contrat de location	Pendant toute la location et les cinq années suivantes. Conserver l'état des lieux et la quittance de versement du dépôt de garantie jusqu'au remboursement.
Facturettes cartes bancaires	10 ans
Bons de commande, factures clients ou fournisseurs, contrats	10 ans
Livres et registres comptables	10 ans
Titres de propriété et règlement de copropriété	Indéfiniment
Documents relatifs à l'emploi d'un salarié	Indéfiniment
Documents fiscaux	3 ans en moyenne à partir de l'année d'imposition (mais voir note ci-dessous)
Document relatif à la propriété intellectuelle (dépôt de brevet, marque, dessin et modèle)	5 ans à partir de la fin de la protection

Attention : les durées indiquées sont les durées minimales de conservation. Ainsi, les services des impôts possèdent un droit de rectification de trois ans ; mais, en cas de déficit antérieur aux trois ans, ils peuvent remonter jusqu'à l'année de ce déficit. Par ailleurs, ils peuvent également demander à contrôler les pièces fiscales remontant au début de l'activité. Pour les documents bancaires, si les relevés de compte comportent des informations sur des créances dont la prescription est plus longue que cinq ans, vous devez les conserver plus longtemps.

››› **Annexe 4**

INDEX

→214

→ Index

A

B

C

D

REMERCIEMENTS

Je remercie très chaleureusement toutes les personnes qui m'ont apporté leur aide, leur témoignage, leur expérience au cours de la rédaction de ce guide, ou ont accepté d'en relire attentivement certaines parties.

En France : Jacques Besson, Nathalie Cado, Mathilde Desgré, Anne Fortune, Me Frédéric Gras, Gwendal Hasson, Jennifer, Anthony Legrand, Régis Lejonc, Éric Martin et Jean-Marc Bourgeois (Maison des artistes), Noémie, Susanna Shannon et Carine Vadet-Perrot.

En Belgique : Clotilde Olyff, Yves Leysen (Bureau Darville, Bruxelles), Stéphane Schütz, secrétaire de la commission « Artistes », Gaëtan Vandepas, directeur du Guichet des arts, Géraldine Van Houte (Iles asbl), la Maison du design, SMartBe.

Au Luxembourg : Cathia Gromczyk (INFPC), Arnaud Mouriamé (graphicdesign.lu), la chambre des métiers.

En Suisse : Marius Demierre (expert-comptable), Sébastien Bohners (Welcometo.as), Regula Cajacob (SGD Suisse), Syndicom.